AF297331

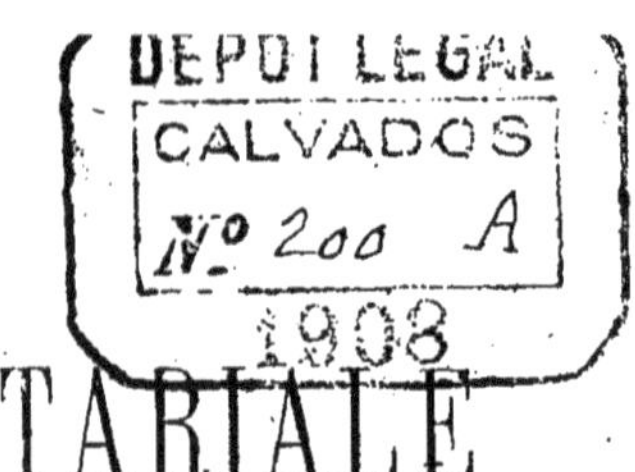

LÉGISLATION NOTARIALE

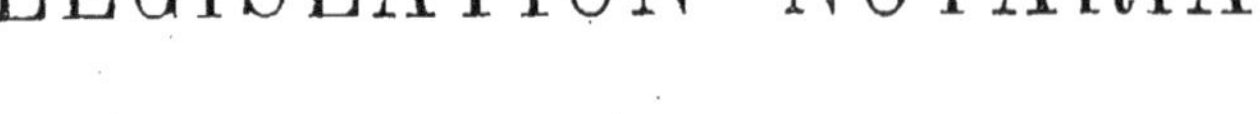

DE FRANCE ET D'ALGÉRIE

TEXTES USUELS & TARIFS

avec annotations sommaires

PAR

Albert ANDRÉ

Professeur de Notariat

ANCIEN NOTAIRE

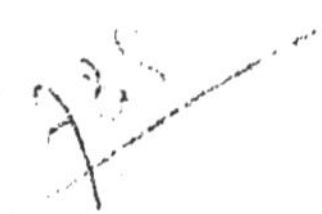

PARIS

IMPRIMERIE ET LIBRAIRIE GÉNÉRALE DE JURISPRUDENCE

MARCHAL & BILLARD

ÉDITEURS, LIBRAIRES DE LA COUR DE CASSATION

Place Dauphine, 27

1909

LÉGISLATION

NOTARIALE

LÉGISLATION NOTARIALE

DE FRANCE ET D'ALGÉRIE

TEXTES USUELS & TARIFS

avec annotations sommaires

PAR

Albert ANDRÉ

Professeur de Notariat

ANCIEN NOTAIRE

PARIS

IMPRIMERIE ET LIBRAIRIE GÉNÉRALE DE JURISPRUDENCE

MARCHAL & BILLARD

ÉDITEURS, LIBRAIRES DE LA COUR DE CASSATION

Place Dauphine, 27

1909

CAEN. — IMPRIMERIE DE Vᵉ A. DOMIN.

LÉGISLATION NOTARIALE.

§ 1er

FRANCE

25 ventôse an XI (16 mars 1803)

Loi contenant organisation du notariat

—

TITRE Ier

DES NOTAIRES ET DES ACTES NOTARIÉS

Section 1re. — Des fonctions, ressort et devoirs des notaires

1. Les notaires sont les fonctionnaires publics établis pour recevoir tous les actes et contrats auxquels les parties doivent ou veulent faire donner le caractère d'authenticité attaché aux actes de l'autorité publique, et pour en assurer la date, en conserver le dépôt, en délivrer des grosses et expéditions.

Actes pour lesquels la forme notariée est prescrite : Acceptation de donation, C. ci. 932 ; acceptation de transport, C. ci., 1690 ; affectation hypothécaire, C. ci., 2127 ; certificat de vie, pension de l'Etat, Décr. 21 août 1806 ; cession de brevet d'invention, L. 5 juillet 1844, art. 20 ; consentement à radiation d'inscriptions, C. ci., 2158, L. 10 juillet 1885, art. 15 ; contrat de mariage, C. ci., 1394 ; déclaration de souscription d'actions, L. 24 juillet 1867, art. 1 et 24 ; donation entre vifs, C. ci., 931 ; inventaire, C. ci., 451, C. pr., 943, Décr., 6-27 mars 1791, art. 10 ; notification de mariage projeté, C. ci., 151 ; partage d'ascendants entre vifs, C. ci., 931, 1076 ; procurations, actes état civil et oppositions à mariage, C. ci., 36, 66 ; procuration, acceptation, donation, C. ci., 933 ; quittance reprises, femme séparée, C. ci., 1444 ; quittance subrogative par débiteur, C. ci., 1250, 2° ; reconciliation après séparation de corps, C. ci., 311 ; renonciation à hypothèque légale par la femme, L. 23 mars 1855, art. 9 ; rétablissement de communauté, C. ci.. 1451 ; Société entre personne et présomptif héritier, C. ci., 854 ; Testament public, C. ci., 971 et mystique, C. ci., 976, 1001 ; etc.

2. Ils sont institués à vie.

3. Ils sont tenus de prêter leur ministère lorsqu'ils en sont requis.

4. Chaque notaire devra résider dans le lieu qui lui sera fixé par le gouvernement. En cas de contravention, le notaire sera considéré comme démissionnaire ; en conséquence, le grand-juge, ministre de la justice, après avoir pris l'avis du tribunal, pourra proposer au gouvernement le remplacement.

5. Les notaires exercent leurs fonctions, savoir : ceux des villes où est établi le *tribunal (la cour)* d'appel, dans l'étendue du ressort de *ce tribunal (cette cour)* ; ceux des villes où il n'y a qu'un tribunal de première instance, dans l'étendue du ressort de ce tribunal ; ceux des autres communes, dans l'étendue du ressort du tribunal de paix.

(*L. 12 août 1902*) Toutefois, les notaires des communes où il y a plusieurs justices de paix exercent leurs fonctions concurremment dans toute l'étendue de la commune.

Les notaires ayant actuellement le droit d'instrumenter dans plusieurs cantons, en vertu de lois antérieures spéciales, conserveront leur ressort actuel.

Compétence dans quelques cantons : de la Seine, L. 29 mars 1907 ; de Nantes, L. 3 avril 1908 ; etc.

Dans tout canton où il n'y a qu'un seul notaire, les notaires des cantons limitrophes appartenant au même ressort de cour d'appel, auront le droit d'instrumenter dans ce canton, mais seulement en ce qui concerne les testaments, les donations entre époux et les donations à titre de partage anticipé. A titre de réciprocité, le notaire unique au canton aura le droit d'instrumenter pour les mêmes actes dans lesdits cantons limitrophes.

6. Il est défendu à tout notaire d'instrumenter hors de son ressort, à peine d'être suspendu de ses fonctions pendans trois mois, d'être destitué en cas de récidive, et de tous dommages-intérêts.

7. Les fonctions de notaires sont incompatibles avec

celles de juges, *commissaires du gouvernement, (procureurs de la République)* près les tribunaux, leurs substituts, greffiers, avoués, huissiers, préposés à la recette des contributions directes et indirectes, juges, greffiers et huissiers des justices de paix, commissaires de police et commissaires *aux ventes (priseurs).*

Autres incompatibilités, ord. 4 janvier 1843, art. 12.

Section II. — Des actes, de leur forme ; des minutes, grosses expéditions et répertoires

8. Les notaires ne pourront recevoir des actes dans lesquels leurs parents ou alliés, en ligne directe à tous les degrés, et en collatérale jusqu'au degré d'oncle ou de neveu inclusivement, seraient parties, ou qui contiendraient quelque disposition en leur faveur.

9. (*L. 12 août 1902*) Les actes notariés pourront être reçus par un seul notaire, sauf les exceptions ci-après :

1° Les testaments et les notifications *d'actes respectueux* resteront soumis aux règles spéciales du Code civil.

Testament public, C. ci., 971 à 975 ; suscription de testament mystique, C. ci., 976 à 979.

Acte notificatif de mariage projeté. C. ci., 151, 154.

2° Les actes contenant donation entre vifs ou donation entre époux, autres que celles insérées dans un contrat de mariage, acceptation de donation, révocation de testament ou de donation, reconnaissance d'enfant naturel, et les procuration ou autorisation pour consentir ces divers actes, seront, à peine de nullité, reçus par deux notaires ou par un notaire assisté de deux témoins.

Donation entre vifs, C. ci., 931, 1096 ; Acceptation de donation C. ci., 932 ; Révocation de donation, C. ci., 923, 1096 ; Révocation de testament, C. ci., 1035 ; Reconnaissance d'enfant naturel, C. ci., 334.

La présence du second notaire ou des deux témoins n'est requise qu'au moment de la lecture de l'acte par le notaire et de la signature des parties ou de leur déclaration de ne savoir ou de ne pouvoir signer, et la mention en sera faite dans l'acte, à peine de nullité.

3°· Les actes dans lesquels les parties ou l'une d'elles ne sauront ou ne pourront signer seront soumis à la signature d'un second notaire ou de deux témoins.

Dans le cas ci-dessus prévu paragraphe 2, les témoins instrumentaires devront être français et majeurs, savoir signer et avoir la jouissance de leurs droits civils. Ils pourront être de l'un ou de l'autre sexe, mais le mari et la femme ne pourront être témoins ensemble dans le même acte.

Droits civils. C. ci., 8 ; majorité, C. ci., 488.

9. *(Texte de l'an XI) Les actes seront reçus par deux notaires, ou par un notaire assisté de deux témoins, citoyens français, sachant signer, et domiciliés dans l'arrondissement communal où l'acte sera passé.*

9. *(L. 7 décembre 1897) Les actes seront reçus par deux notaires, ou par un notaire assisté de deux témoins, de l'un ou de l'autre sexe, sachant signer, et domiciliés dans l'arrondissement communal où l'acte sera passé. Toutefois, le mari et la femme ne pourront être témoins ensemble dans le même acte.*

10. Deux notaires, parents ou alliés au degré prohibé par l'article 8, ne pourront concourir au même acte. Les parents, alliés, soit du notaire, soit des parties contractantes, au degré prohibé par l'article 8, leurs clercs et leurs serviteurs ne pourront être témoins.

Témoins des testaments, C. ci., 975.

11. *(L. 12 août 1902)* Le nom, l'état et la demeure des parties devront être connus des notaires, ou leur être attestés dans l'acte par deux personnes majeures, connues d'eux, sachant signer, ayant les mêmes qualités que celles requises pour être témoin instrumentaire.

11. *(Texte de l'an XI) Le nom, l'état et la demeure des parties devront être connus des notaires, ou leur être attestés dans l'acte par deux citoyens connus d'eux, ayant les mêmes qualités que celles requises pour être témoin instrumentaire.*

11. *(Le 7 décembre 1897) Le nom, l'état et la demeure*

des parties devront être connus des notaires, ou leur être attestés dans l'acte par deux personnes connues d'eux, ayant les mêmes qualités que celles requises pour être témoin instrumentaire.

12. Tous les actes doivent énoncer les nom et lieu de résidence du notaire qui les reçoit, à peine de 100 fr. d'amende contre le notaire contrevenant. Ils doivent également énoncer les noms des témoins instrumentaires, leur demeure, le lieu, l'année et le jour où les actes sont passés, sous les peines prononcées par l'article 68 ci-après, et même de faux, si le cas y échoit.

Amendes des articles 12, 13, 16, 17, 23, 57, loi de ventôse réduites, celles de 100 fr. à 20 fr., celles de 50 fr. à 10 fr., L. 16 juin 1824, art. 10.

13. Les actes des notaires seront écrits en un seul et même contexte, lisiblement, sans abréviation, blanc, lacune ni intervalle ; ils contiendront les noms, prénoms, qualités et demeure des parties, ainsi que des témoins qui seraient appelés dans le cas de l'article 11 ; ils énonceront, en toutes lettres, les sommes et les dates ; les procurations des con-tractants seront annexées à la minute, qui fera mention que lecture de l'acte a été faite aux parties ; le tout à peine de 100 fr. d'amende contre le notaire contrevenant.

Timbre des actes, L. 13 brumaire an VII, art. 12. Visa en debet : assistance judiciaire, L. 22 janvier 1851, art. 14 ;

Visa gratis : expropriation publique, L. 3 mai 1841, art. 58 ; mariage indigent, L. 10 décembre 1850, art. 4; caisses d'épargne, L. 20 juillet 1895, art. 23 ; caisse des retraites pour la vieillesse, L. 20 juillet 1886, art. 24 ; notification projet de mariage, C. ci., 154.

Exemption de timbre : vente et échange d'immeubles, L. 22 avril 1905, art. 6 et 7 ; copie collationnée de titre, état et attestation de dette pour déclaration de succession, L. 25 février 1901, art. 4 ; Sociétés d'habitation à bon marché, L. 12 avril 1906, art. 11.

Annexe procuration pour accepter donation, C. ci., 933.

Lecture : testament, C. ci., 972, 1001 ; contrat de mariage, C. ci, 1391, 1394 ; ventes, échanges et partages, L. 23 août 1871, art. 13 ; cession fonds de commerce, L. 28 février 1872, art. 8.

Enonciations dans : ventes judiciaires d'immeubles, L. 23 octobre 1884, art. 3 et 4; Echanges d'immeubles ruraux, L. 3 novembre 1884, art. 2 ; Vente de meubles aux enchères, L. 22 pluviose an VII, Ord. 3 juil-

let 1816, art. 7 et 8; Certificats de propriété, L. 28 floréal an VII;
ventes de navires, L. 27 vendemiaire an II, art. 18; Inventaires, C. ci.
451, 1456, C. pr., 943; L. 31 décembre 1907, art. 7.

Mention : acte notarié non enregistré, L. 22 frimaire an VII, art. 41
et 42; 28 avril 1816, art. 56; actes sous seing non enregistrés, L. 22 frimaire an VII, art. 23, 42, 44, 16 juin 1824, art. 13 ; polices d'assurances
incendie et maritime, L. 23 août 1871, art. 6 ; actes de l'étranger ou
des colonies, non enregistrés, L. 22 frimaire an VII, art. 42, 28 avril 1816,
art. 58; fonds d'Etats et valeurs étrangères, L. 30 mars 1872, art. 2
modifié 28 décembre 1895, 31 décembre 1907, art. 7.

14. Les actes seront signés par les parties, les témoins et
les notaires, qui doivent en faire mention à la fin de l'acte.
Quant aux parties qui ne savent ou ne peuvent signer, le
notaire doit faire mention à la fin de l'acte, de leurs déclarations à cet égard.

Testaments : signatures de témoins à la campagne, C. ci., 974;
cause empêchant testateur de signer, C. ci., 973.

15. Les renvois et apostilles ne pourront, sauf l'exception ci-après, être écrits qu'en marge; ils seront signés ou
paraphés tant par les notaires que par les autres signataires,
à peine de nullité des renvois et apostilles. Si la longueur
du renvoi exige qu'il soit transporté à la fin de l'acte, il
devra être non seulement signé ou paraphé comme les renvois écrits en marge, mais encore expressément approuvé
par les parties, à peine de nullité du renvoi.

16. Il n'y aura ni surcharge, ni interligne, ni addition
dans le corps de l'acte, et les mots surchargés, interlignés
ou ajoutés seront nuls. Les mots qui devront être rayés, le
seront de manière que le nombre puisse en être constaté à
la marge de leur page correspondante, ou à la fin de l'acte,
et approuvé de la même manière que les renvois écrits en
marge ; le tout à peine d'une amende de 50 fr. contre le
notaire, ainsi que de tous dommages et intérêts, même de
destitution en cas de fraude.

Enregistrement des actes : bureau compétent, L. 22 frimaire an VII,
art. 26; L. 22 pluviose an VII, art. 6 ; délai L. 22 frimaire an VII, art.
20, 21, 25 ; 24 mai 1834, art. 23; Décr., 12 août 1807, art. 5 ; notaire
obligé de payer les droits, L. 22 frimaire, an VII, art. 29.

Immunités, v. notes art. 13 ; Reconnaissance enfant naturel, L. 31 mars 1903, art. 9 ; certificats de vie aux rentiers et pensionnaires de l'Etat, Décr., 21 août 1806, art. 10.

17. Le notaire qui contreviendra aux lois et aux arrêtés du gouvernement concernant les noms et qualifications supprimés, les clauses et expressions féodales, les mesures *et l'annuaire* de la République, ainsi que la numération décimale, sera condammé à une amende de 100 fr. qui sera double en cas de récidive.

Les qualifications défendues sont celles rappelant la féodalité, la royauté et l'empire.

Il est permis de mentionner les titres nobiliaires, car la noblesse supprimée par la loi du 23 juin 1790, a été rétablie par le 1er empire (Décr. 30 mars 1806, 1er mars 1808), et maintenue depuis (charte, 1814, art. 71), mais l'usurpation serait punissable (L. 11 germinal an XI C. Pen., 259).

Poids, mesures et monnaies, L. 4 juillet 1837, art. 5.

Calendrier républicain en vigueur du 22 septembre 1793 (1er vendémiaire an II) au 1er janvier 1806 (11 nivose an XIV), est remplacé par le calendrier grégorien.

18. Le notaire tiendra exposé dans son étude, un tableau sur lequel il inscrira les noms, prénoms, qualités et demeures des personnes qui, *dans l'étendue du ressort où il peut exercer*, sont interdites ou assistées d'un conseil judiciaire, ainsi que la mention des jugements y relatifs ; le tout immédiatement après *la notification qui en aura été faite*, et à peine des dommages-intérêts des parties.

Le tableau doit contenir les interdictions et dations de conseils faites dans l'arrondissement où réside le notaire (C. ci., 501 ; C. pr., 897).

Les jugements ne sont plus notifiés ; le notaire prend les renseignements à sa chambre de discipline, Décr. 16 février 1807, art. 175.

19. Tous actes notariés feront foi en justice, et seront exécutoires dans toute l'étendue de la République. Néanmoins, en cas de plainte en faux principal, l'exécution de l'acte argué de faux sera suspendue par la déclaration *du jury d'accusation, prononçant qu'il y a lieu à accusation ;* en cas d'inscription de faux faite incidemment, les tribunaux pourront, suivant la gravité des circonstances, suspendre provisoirement l'exécution de l'acte.

Foi des actes notariés, C. ci., 1317 à 1319. Faux incident, C. pr., 214;
Faux principal, C. inst. crim. 448; C. pén. 146.
Foi des grosses et expéditions, C. ci., 1334, 1335.

20. Les notaires seront tenus de garder minute de tous
les actes qu'ils recevront. Ne sont néanmoins compris dans
la présente disposition, les certificats de vie, procurations,
actes de notoriété, quittances de fermages, de loyers, de
salaires, arrérages de pensions et rentes, et autres actes
simples qui, d'après les lois, peuvent être délivrés en brevet.

Actes en brevet : certificat de propriété, L. 28 floréal an VII, art. 6 ;
consentement à mariage, C. ci., 73 ; déclaration de privilège sur cautionnement, Décr. 22 décembre 1812 ; protêt, C. co., 176.
Procurations en minute, C. ci. 933 ; ord. 5 mars 1823.

21. Le droit de délivrer des grosses et des expéditions
n'appartiendra qu'au notaire possesseur de la minute ; et,
néanmoins, tout notaire pourra délivrer copie d'un acte qui
lui aura été déposé pour minute.

Timbre des grosses et expéditions, L. 13 brumaire an VII, art. 12 et 19.
Visa en débet, visa gratis, exemptions, v. notes art. 13.
Autres exemptions des expéditions : actes des établissements publics
pour approbation préfectorale, L. 13 brumaire an VII, art. 16 ; testaments avec legs aux établissements publics, Décr. 1er février 1896,
art. 1 ; pour rester au bureau des hypothèques, C. ci., 2158, L. 27 juillet
1900, art. 1.
Les grosses et expéditions doivent contenir 25 lignes à la page et
15 syllabes à la ligne, L. 13 brumaire an VII, art. 20 ; Décr. 16 février
1807, art. 174 ; Décr. 25 août 1898, art. 21.
Mention d'enregistrement, L. 22 frimaire an VII, art. 44.
Copies collationnées, C. ci. 1335, 4°, 2194 ; L. 22 frimaire an VII, art. 56 ;
L. 25 février 1901, art. 4.

22. Les notaires ne pourront se dessaisir d'aucune minute, si ce n'est dans les cas prévus par la loi et en vertu
d'un jugement. Avant de s'en dessaisir, ils en dresseront et
signeront une copie figurée, qui, après avoir été certifiée
par le président et le *commissaire (procureur de la République)* du tribunal civil de leur résidence, sera substituée
à la minute, dont elle tiendra lieu jusqu'à sa réintégration.

Vérification d'écritures, C. pr., 201 à 205 ; faux incident civil, C. pr.,
221, 226, 242, 245 ; faux principal, C. inst. crim. 452, 455.

23. Les notaires ne pourront également, sans l'ordonnance du président du tribunal de première instance, délivrer expédition ni donner connaissance des actes à d'autres qu'aux personnes intéressées en nom direct, héritiers ou ayants droit, à peine de dommages et intérêts, d'une amende de 100 fr., et d'être, en cas de récidive, suspendus de leurs fonctions pendant trois mois ; sauf néanmoins l'exécution des lois et règlements sur le droit d'enregistrement, et de celles relatives aux actes qui doivent être publiés dans les tribunaux.

Délivrance d'acte imparfait, C. pr., 841.

Refus de délivrance aux parties, C. pr., 839-840.

Communications à l'enregistrement, L. 22 frimaire an VII, art. 52 et 54. Voir notes art. 16 ci-dessus.

Publications : Sociétés, L. 24 juillet 1867, art. 55 ; contrats de mariage des commerçants, C. com., 68. Cessions de brevets, L. 5 juillet 1844, art. 20 : vente de navires, L. 27 vendemiaire an II, art. 17.

Avis aux établissements publics des legs en leur faveur, Décr. 1er février 1896, art. 1, modifié le 24 décembre 1901.

Transcription, C. ci., 939, 1069 ; L. 3 mai 1841, art. 16 ; L. 23 mars 1855, art. 1, 2.

24. En cas de compulsoire, le procès-verbal sera dressé par le notaire dépositaire de l'acte, à moins que le tribunal qui l'ordonne ne commette un de ses membres, ou tout autre juge, ou un autre notaire.

Compulsoire, C. pr., 846.

25. Les grosses seules seront délivrées en forme exécutoire ; elles seront intitulées et terminées dans les mêmes termes que les jugements des tribunaux.

Formule exécutoire, Décr. 2 septembre 1871.

26. Il doit être fait mention, sur la minute, de la délivrance d'une première grosse, faite à chacune des parties intéressées ; il ne peut lui en être délivré d'autre, à peine de destitution, sans une ordonnance du président du tribunal de première instance, laquelle demeurera jointe à la minute.

Remise de grosse ou d'expédition, C. ci., 1283.

Seconde grosse ou ampliation, C. pr., 844, 845.

27. Chaque notaire sera tenu d'avoir un cachet ou sceau particulier, portant ses nom, qualité et résidence, et, d'après un modèle uniforme, le type de la République française. Les grosses et expéditions des actes porteront l'empreinte de ce cachet.

Sont revêtus du sceau les brevets, les copies collationnées et les extraits.

28. Les actes notariés seront légalisés, savoir : ceux des notaires à la résidence des *tribunaux* (*cours*) d'appel, lorsqu'on s'en servira hors de leur ressort ; et ceux des autres notaires lorsqu'on s'en servira hors de leur département. La légalisation sera faite par le président du tribunal de première instance de la résidence du notaire, ou du lieu où sera délivré l'acte ou l'expédition.

Législation du juge de paix, L. 2 mai 1861.

Légalisations d'actes : Algérie, arr. 30 décembre 1842, art. 23 ; autres colonies, Décr. 14 juin 1864 ; Belgique, Décr. 18 octobre 1879 ; Luxembourg, Décr. 24 décembre 1867 ; Alsace-Lorraine, Décr. 5 juillet 1872 ; étranger, ord. 25 octobre 1833, art. 7 et 9.

Actes militaires et maritimes, L. 8 juin 1893, art. 4.

29. Les notaires tiendront répertoire de tous les actes qu'ils recevront.

Copies collationnées à inscrire au répertoire (Déc. min. fin., 26 messidor an XII) ; certificats de vie aux rentiers de l'Etat dispensés (Déc. min. fin., 2 août 1808).

Registres obligatoires : protêts, C. co., 176 ; pensionnaires de l'Etat, Décr. 21 août 1806, art. 5 ; assurances maritimes, L. 5 juin 1850, art. 47 ; comptabilité, Décr. 30 janvier 1890.

30. Les répertoires seront visés, cotés et paraphés par le président, ou, à son défaut, par un autre juge du tribunal civil de la résidence ; ils contiendront la date, la nature et l'espèce de l'acte, les noms des parties et la relation de l'enregistrement.

Autres règles pour tenue des répertoires, L. 22 frimaire an VII, art. 49, 50, 53.

Présentation au receveur les 10 janvier, 10 avril, 10 juillet, 10 octobre, même loi, art. 51.

Communication au receveur, à toute réquisition, même loi, art. 52.

Dépôt du double au greffe du tribunal le 28 février, Décr. 29 sept., 6 oct. 1791, tit. 3, art. 16.

TITRE II

RÉGIME DU NOTARIAT

Section 1re. — Nombre, placement et cautionnement des notaires

31. (*L. 12 août 1902*) Le nombre de notaires pour chaque département, leurs placement et résidence, seront déterminés par le gouvernement, de manière : 1° que dans les villes de 100,000 habitants et au-dessus, il y ait un notaire au plus par 6,000 habitants ; 2° que dans les autres communes, il y ait un notaire au moins par canton.

Toutefois, en cas de décès cu d'empêchement justifié du titulaire, le président du tribunal pourra, à la requête du procureur de la République ou du titulaire empêché, désigner comme suppléant un notaire d'un des ressorts de justice de paix limitrophes du même arrondissement.

31. (*Texte de l'an XI*) *Le nombre de notaires pour chaque département, leur placement et résidence, seront déterminés par le gouvernement, de manière : 1° que dans les villes de 100,000 habitants et au-dessus, il y ait un notaire au plus par 6,000 habitants ; 2° que dans les autres villes, bourgs ou villages, il y ait deux notaires au moins, ou cinq au plus, par chaque arrondissement de justice de paix.*

32. (*L. 12 août 1902*) Les suppressions d'office ne seront effectuées que par mort, démission ou destitution, ou à la suite d'un accord intervenu entre les parties intéressées, et après avis de la chambre de discipline et du tribunal.

En cas de démission du titulaire, avec présentation d'un successeur, le gouvernement pourra toujours refuser la nomination, si la suppression du titre est jugée nécessaire, après avis de la chambre et du tribunal.

L'indemnité due après suppression d'un office, en cas de

mort ou de démission, sera convenue entre les intéressés, sous le contrôle du gouvernement, ou fixée par le décret prononçant la suppression, après avis de la chambre des notaires et du tribunal.

Dans tous les cas, elle sera mise à la charge des notaires qui devront bénéficier de la suppression, quelle que soit leur résidence.

La répartition en sera faite par le garde des sceaux, sur la proposition de la chambre des notaires de l'arrondissement auquel appartient l'office supprimé.

32. (*Texte de l'an XI*) *Les suppressions ou réductions de places ne seront effectuées que par mort, démission ou destitution.*

33. Les notaires exercent *sans patente* ; mais ils sont assujettis à un cautionnement fixé par le gouvernement d'après les bases ci-après, et qui sera spécialement affecté à la garantie des condamnations prononcées contre eux, par suite de l'exercice de leurs fonctions. Lorsque, par l'effet de cette garantie, le montant du cautionnement aura été employé en tout ou en partie, le notaire sera suspendu de ses fonctions jusqu'à ce que le cautionnement ait été entièrement rétabli ; et faute par lui de rétablir, dans les six mois, l'intégralité du cautionnement, il sera considéré comme démissionnaire et remplacé.

Patente des notaires, L. 18 mai 1850, art. 16.

Le cautionnement répond en premier lieu des créances résultant de l'exercice légal des fonctions, ou faits de charge, C. ci., 2102, 7°; L. 25 nivôse an XIII.

Un privilège de 2ᵉ ordre peut exister au profit du prêteur des fonds du cautionnement, Décr. 28 août 1808.

34. Le cautionnement sera fixé par le gouvernement en raison combinée des ressort et résidence de chaque notaire, *d'après un minimum et un maximum*, suivant le tableau ci-après, savoir :

Le tableau, contenu dans la loi du 25 ventôse an XI, a été remplacé par le suivant d'après la loi du 28 avril 1816, article 88 :

RÉSIDENCE DES COURS D'APPEL		RÉSIDENCE DES TRIB. DE 1ʳᵉ INST,		RÉSIDENCE DES JUSTICES DE PAIX	
Population	Caution-nement	Population	Caution-nement	Population	Caution-nement
	fr.		fr.		fr.
5.000 habitants et au-dessous	4.000	2.000 habitants et au-dessous	3.000	2.000 habitants et au-dessous	1.800
5.001 à 6.000	4.500	2.001 à 2.500	3.200	2.001 à 2.500	1.900
6.001 à 7.000	5.000	2.501 à 3.000	3.400	2.501 à 3.000	2.000
7.001 à 8.000	5.500	3.001 à 3.500	3.600	3.001 à 3.500	2.100
8.001 à 9.000	6.000	3.501 à 4.000	3.800	3.501 à 4.000	2.200
9.001 à 10.000	6.500	4.001 à 4.500	4.000	4.001 à 4.500	2.300
10.001 à 12.000	7.000	4.501 à 5.000	4.200	4.501 à 5.000	2.400
12.001 à 14.000	7.500	5.001 à 5.500	4.400	5.001 à 5.500	2.500
14.001 à 16.000	8.000	5.501 à 6.000	4.600	5.501 à 6.000	2.600
16.001 à 18.000	8.500	6.001 à 6.500	4.800	6.001 à 6 500	2.700
18.001 à 20.000	9.000	6 501 à 7.000	5.000	6.501 à 7.000	2.800
20.001 à 22.000	9.500	7.001 à 7.500	5.200	7.001 à 7.500	2.900
22.001 à 24.000	10.000	7.501 à 8.000	5.400	7.501 à 8.000	3.000
24.001 à 26.000	10.500	8.001 à 8.500	5.600	8 001 à 8.500	3.100
26.001 à 28.000	11.000	8.501 à 9.000	5.800	8.501 à 9.000	3.200
28.001 à 30.000	11.500	9.001 à 9.500	6.000	9.001 à 9.500	3.300
30.001 à 32.000	12.000	9.501 à 10.000	6.200	9.501 à 10.000	3.400
32.001 à 34.000	12.500	10.001 à 11.000	6.400	10.001 à 11.000	3.500
34.001 à 36.000	13.000	11.001 à 12.000	6.600	11.001 à 12.000	3.600
36.001 à 38.000	13.500	12.001 à 13.000	6.800	12.001 à 13.000	3.700
38.001 à 42.000	14.000	13.001 à 14.000	7.000	13.001 à 14.000	3.800
42.001 à 46.000	14.500	14.001 à 15.000	7.200	14.001 à 15.000	3.900
46.001 à 50.000	15.000	15.001 à 16.000	7.400	15.001 à 16.000	4.000
50.001 à 55.000	15.500	16.001 à 17.000	7.600	16.001 à 17.000	4.100
55.001 à 60.000	16.000	17.001 à 18.000	7.800	17.001 à 18.000	4.200
60.001 à 65.000	16.500	18.001 à 19.000	8.000	18.001 à 19.000	4.300
65.001 à 70.000	17.000	19.001 à 20.000	8.200	19.001 à 20.000	4.400
70.001 à 75.000	17.500	20.001 à 25.000	8.400	20.001 à 25.000	4.500
75.001 à 80.000	18.000	25.001 à 30.000	8.600	25.001 à 30.000	4.600
80.001 à 85.000	18.500	30.001 à 35.000	8.800	30.001 à 35.000	4.700
85.001 à 90.000	19.000	35.001 à 40.000	9.000	35.001 à 40.000	4.800
90.001 à 95.000	19.500	40.001 à 50.000	9.200	40.001 à 50.000	4.900
95.001 à 100.000	20.000	50.001 à 60.000	9.400	50.001 à 60.000	5.000
100.001 et au-dessus	25.000	60.001 à 70.000	9.600	60.001 à 70.000	5.100
A Paris........	50.000	70.001 et au-dessus	12.000	70.001 et au-dessus	5.200

Ces cautionnements seront versés, remboursés et les intérêts payés conformément aux lois sur les cautionnements, sous la déduction de tous versements antérieurs.

Versement avant prestation de serment, art. 47 ci-après, L. 28 avril 1816, art. 96 ; déclaration de privilège de second ordre, Décr., 22 décembre 1812 ; remboursement, L. 25 nivose an XIII, art. 5 ; Décr., 18 sept. 1806 ; intérêt 2.50 °/₀, L. 13 avril 1898, art. 55.

Section II. — Conditions pour être admis et mode de nomination au notariat

35. (*L. 12 avril 1902*). Pour être admis aux fonctions de notaire, il faudra : 1° jouir de l'exercice des droits de citoyen ; 2° avoir satisfait aux lois sur la conscription militaire; 3° être âgé de 25 ans accomplis; 4° justifier du temps de travail prescrit par les articles suivants ; 5° et avoir subi avec succès l'examen professionnel prescrit par les articles 42 et 43 ci-après.

35. (*Texte de l'art. XI*) *Pour être admis aux fonctions de notaire, il faudra: 1° jouir de l'exercice des droits de citoyen ; 2° avoir satisfait aux lois sur la conscription militaire ; 3° être âgé de 25 ans accomplis ; 4° justifier du temps de travail prescrit par les articles suivants.*

36. (*L. 12 août 1902*). Le temps de travail ou de stage sera, sauf les exceptions ci-après, de six années entières et non interrompues, dont deux au moins en qualité de premier clerc. Une de ces deux années devra être accomplie dans un office d'une classe au moins égale à celle de l'office dont le titulaire sera à remplacer.

Le temps de stage ne sera que de quatre années, dont une au moins en qualité de premier clerc, si le candidat justifie du diplôme de docteur ou de licencié en droit, ou du certificat d'élève diplômé d'une école de notariat reconnue par l'État.

Pendant le service militaire le stage n'est pas interrompu, mais seulement suspendu.

36. (*Texte de l'an XI*) *Le temps de travail ou stage sera, sauf les exceptions ci-après, de six années entières et non interrompues, dont une des deux dernières, au moins, en qualité de premier clerc chez un notaire d'une classe égale à celle où se trouvera la place à remplir.*

37. (*L. 12 août 1902*). Les membres des tribunaux civils ou des cours ayant au moins deux ans de fonctions, les avoués et les avocats ayant au moins deux ans d'inscription au tableau, les receveurs et les agents supérieurs de l'administration de l'enregistrement, les greffiers en chef des cours et tribunaux civils, licenciés en droit, ayant exercé leurs fonctions pendant cinq ans au moins, pourront être admis aux fonctions de notaire en vertu d'une dispense expresse du garde des sceaux, en justifiant d'une année de stage dans une étude de notaire d'une classe égale à celle à laquelle aspire le candidat et après avoir subi avec succès l'examen prescrit par les articles 42 et 43 ci-après.

37. (*Texte de l'an XI*) *Le temps de travail pourra n'être que de quatre années, lorsqu'il en aura été employé trois dans l'étude d'un notaire d'une classe supérieure à la place qui devra être remplie, et lorsque, pendant la quatrième, l'aspirant aura travaillé, en qualité de premier clerc, chez un notaire d'une classe supérieure ou égale à celle où se trouvera la place pour laquelle il se présentera.*

38. (*L. 12 août 1902*). Le notaire en exercice n'aura besoin d'aucune nouvelle justification pour être admis à une place de notaire vacante, même dans une classe supérieure à celle à laquelle il appartient.

38. (*Texte de l'an XI*). *Le notaire déjà reçu, et exerçant depuis un an dans une classe inférieure, sera dispensé de toute justification de stage pour être admis à une place de notaire vacante dans une classe immédiatement supérieure.*

39. (*L. 12 août 1902*). Nul ne sera admis à l'inscription de stage, s'il ne justifie qu'il est âgé de dix-sept ans accomplis, et s'il ne produit un certificat de bonnes vie et mœurs.

39. (*Texte de l'an XI*). *L'aspirant qui aura travaillé pendant quatre ans, sans interruption, chez un notaire de première ou de seconde classe, et qui aura été, pendant deux ans au moins, défenseur ou avoué près d'un tribunal civil, pourra être admis dans une des classes où il aura fait son stage, pourvu que, pendant l'une des deux dernières années de son stage, il ait travaillé en qualité de premier clerc chez un notaire d'une classe égale à celle où se trouvera la place à remplir.*

40. (*L. 12 août 1902*). L'aspirant au notariat n'obtiendra un avancement de grade que sur la production d'un certificat délivré par le notaire chez lequel il travaillera.

Ce certificat renfermera des renseignements précis et détaillés sur les aptitudes, la capacité et la moralité de l'aspirant.

Si la mutation de grade s'effectue dans un autre arrondissement que celui où l'aspirant était déjà inscrit, celui-ci devra joindre au certificat ci-dessus un certificat de capacité et de moralité délivré par la chambre de discipline dans le ressort de laquelle il travaillait.

Tous les certificats destinés à rester aux archives de la chambre sont dispensés de timbre, L. 13 brumaire an VII, art. 16, 1º.

40. (*Texte de l'an XI*) *Le temps de travail exigé par les articles précédents, devra être d'un tiers en sus, toutes les fois que l'aspirant, ayant travaillé chez un notaire d'une classe inférieure, se présentera pour remplir une place d'une classe immédiatement supérieure.*

41. (*L. 12 août 1902*) Aucun aspirant au notariat ne pourra être admis à prendre l'inscription de premier clerc s'il n'a préalablement subi avec succès, devant la chambre dans le ressort de laquelle il travaille, un examen après lequel il sera déclaré apte à ces fonctions.

L'examen comprendra une épreuve écrite et une épreuve orale. La délibération motivée qui sera prise par la chambre visera la capacité et la moralité du candidat.

Constatation du stage, Ord. 4 janvier 1843, art. 31.

41. (*Texte de l'an XI*) *Pour être admis dans la troisième classe de notaires, il suffira que l'aspirant ait travaillé pendant trois années, chez un notaire de première ou de seconde classe, ou qu'il ait exercé, comme défenseur ou avoué, pendant l'espace de deux années, auprès du tribunal d'appel ou de première instance, et qu'en outre il ait travaillé, pendant un an, chez un notaire.*

42. (*L. 12 août 1902*) L'aspirant qui voudra être investi des fonctions de notaire produira, avec le diplôme d'aptitude, un avis de la chambre de discipline du ressort dans lequel il se propose d'exercer, et un certificat de chaque chambre dans le ressort de laquelle il aura travaillé, constatant la durée de son stage et sa moralité.

Aucun aspirant ne sera admis aux fonctions de notaire

s'il ne justifie avoir subi avec succès un examen professionnel.

Cet examen comprendra deux épreuves : l'une écrite, dans laquelle l'aspirant rédigera au moins deux formules d'actes ; l'autre orale, qui portera sur l'ensemble des connaissances juridiques nécessaires à l'exercice du notariat.

Les épreuves orales seront subies publiquement. L'examen sera passé au chef-lieu du département dans lequel l'aspirant sera au stage, devant une commission spéciale réunie, sur la convocation du président de la chambre des notaires du chef-lieu, composée de cinq membres au moins, et comprenant :

Le président ou le syndic de la chambre des notaires du chef-lieu du département, qui en aura la présidence, et un ou plusieurs notaires délégués par chacune des chambres du département.

Et un agent supérieur de l'enregistrement désigné par la direction.

42. (*Texte de l'an XI*) *Le gouvernement pourra dispenser de la justification du temps d'étude les individus qui auront exercé des fonctions administratives ou judiciaires.*

43. (*L. 12 août 1902*) L'examen devra être passé avant tout traité de cession d'office ; mais le diplôme d'aptitude ne sera délivré par le secrétariat de la chambre dépositaire du rapport de la commission d'examen, qu'au moment de la confection, par le parquet, du dossier de présentation du candidat.

A Paris, la chambre des notaires fera fonctions de commission spéciale ; il lui sera adjoint un agent supérieur de l'enregistrement désigné par le directeur.

Il en sera de même dans les départements où il n'existerait qu'une seule chambre des notaires.

Tout candidat dont l'insuffisance aura été constatée dans l'une et l'autre des deux épreuves sera ajourné et ne pourra subir un nouvel examen avant le délai d'un an.

43. (*Texte de l'an XI*) *L'aspirant demandera à la Chambre*

de discipline du ressort dans lequel il devra exercer, un certi-
ficat de moralité et de capacité. Le certificat ne pourra être
délivré qu'après que la Chambre aura fait parvenir au com-
missaire du gouvernement du tribunal de première instance,
l'expédition de la délibération qui l'aura accordé.

44. (*L. 12 août 1902*) Il est établi au profit des bourses communes des droits d'inscription et d'examen.

Ces droits sont fixés ainsi qu'il suit :

Pour chaque inscription sur le registre du stage, 5 fr.

Pour l'examen de premier clerc, 20 fr.

Pour l'examen d'aptitude aux fonctions de notaire, 40 fr.

44. (*Texte de l'an XI*) *En cas de refus, la Chambre don-*
nera un avis motivé, et le communiquera au commissaire du
gouvernement qui l'adressera au grand-juge, avec ses obser-
vations.

45. Les notaires seront nommés par le *premier Consul (Président de la République)* et obtiendront de lui une commission qui énoncera le lieu fixe de la résidence.

Les notaires, héritiers et ayants cause, présentent leurs successeurs à l'agrément du chef de l'Etat, L. 28 avril 1816, art. 91.

Enregistrement des cessions et transmissions d'office, L. 25 juin 1841, art. 6.

46. Les *commissions* de notaire seront, dans leur intitulé, adressées au tribunal de première instance dans le ressort duquel le pourvu aura sa résidence.

Les notaires sont nommés par décret, mentionné au journal officiel, et dont ampliation est envoyée au procureur de la République chargé de requérir du tribunal l'admission au serment.

47. Dans les deux mois de sa nomination, et à peine de déchéance, le pourvu sera tenu de prêter, à l'audience du tribunal auquel la commission aura été adressée, le serment *que la loi exige de tout fonctionnaire public, ainsi que celui* de remplir ses fonctions avec exactitude et probité. Il ne sera admis à prêter serment qu'en représentant l'original de sa commission et la quittance du versement de son cautionnement. Il sera tenu de faire enregistrer le procès-

verbal de prestation du serment au secrétariat de la municipalité du lieu où il devra résider, et aux greffes de tous les
tribunaux dans le ressort desquels il doit exercer.

48. Il n'aura le droit d'exercer qu'à compter du jour où
il aura prêté serment.

49. Avant d'entrer en fonctions, les notaires devront
déposer au greffe de chaque tribunal de première instance
de leur département, et au secrétariat de la municipalité de
leur résidence, leur signature et paraphe. Les notaires à la
résidence des *tribunaux* (*cours*) d'appel feront, en outre, ce
dépôt aux greffes des autres tribunaux de première instance
de leur ressort.

Dépôt au greffe de la justice de paix, L. 2 mai 1861, art. 2.
Panonceaux notariaux, Edit avril 1411.

Section III. — Chambre de discipline

50. Les chambres qui seront établies pour la discipline
intérieure des notaires, seront organisées par des règlements.

Organisation des chambres, Ord. 4 janvier 1843 infra.

51. Les honoraires et vacations des notaires seront réglés
à l'amiable, entr'eux et les parties ; sinon, par le tribunal
civil de la résidence du notaire, sur l'avis de la chambre, et
sur simples mémoires, sans frais.

Taxe par le président du tribunal, L. 20 juin 1896 ; L. 24 décembre 1897.
Tarifs légaux, Décr. 25 août 1898.
Les notaires ont action solidaire contre toutes les parties, C. civ.,
2.002.

52. Tout notaire suspendu, destitué ou remplacé, devra
aussitôt après la notification qui lui aura été faite de sa suspension, de sa destitution, ou de son remplacement, cesser
l'exercice de son état, à peine de tous dommages et intérêts,
et des autres condamnations prononcées par les lois contre
tout fonctionnaire, suspendu ou destitué, qui continue
l'exercice de ses fonctions. Le notaire suspendu ne pourra
les reprendre, sous les mêmes peines, qu'après la cessation
du temps de la suspension.

53. Toutes suspensions, destitutions, condamnations
d'amendes et dommages-intérêts, seront prononcées contre
les notaires par le tribunal civil de leur résidence, à la poursuite des parties intéressées, ou d'office, à la poursuite et
diligence du *commissaire du gouvernement (procureur de la
République)*. Ces jugements seront sujets à l'appel, et exécutoires par provision, excepté quant aux condamnations
pécuniaires.

Compétence des chambres, ord. 4 janvier 1843, art. 2, 14, 15.

Les amendes pour contravention : à la loi de ventôse, au dépôt
annuel du double du répertoire, au dépôt des contrats de mariage des
commerçants, au registre des protêts, sont prononcées par le tribunal.

Pour les contraventions purement fiscales, les receveurs poursuivent
directement le recouvrement des amendes, L. 22 frimaire an VII,
art. 64 ; 28 avril 1816, art. 76.

Section IV. — Garde, transmission, tables des minutes et recouvrements

54. Les minutes et répertoires d'un notaire remplacé ou
dont la place aura été supprimée, pourront être remis par
lui ou par ses héritiers à l'un des notaires résidant dans la
même commune, ou à l'un des notaires résidant dans le
même canton, si le remplacé était le seul notaire établi dans
la commune.

55. Si la remise des minutes et répertoires du notaire
remplacé n'a pas été effectuée, conformément à l'article
précédent, dans le mois, à compter du jour de la prestation de serment du successeur, la remise en sera faite à
celui-ci.

Le notaire est obligé de remettre à son successeur, avec les minutes
et répertoires, les testaments olographes confiés, ainsi que les registres
dont la tenue est obligatoire, Décr., 30 janvier 1890.

56. Lorsque la place de notaire sera supprimée, le titulaire ou ses héritiers seront tenus de remettre les minutes
et répertoires, dans le délai de deux mois du jour de la
suppression, à l'un des notaires de la commune, ou à l'un
des notaires du canton, conformément à l'article 54.

57. Le *commissaire du gouvernement (procureur de la*

République) près le tribunal de première instance est chargé de veiller à ce que les remises ordonnées par les articles précédents soient effectuées ; et, dans le cas de suppression de la place, si le titulaire ou ses héritiers n'ont pas fait choix, dans les délais prescrits, du notaire à qui les minutes et répertoires devront être remis, le *commissaire (procureur de la République*) indiquera celui qui en demeurera dépositaire. Le titulaire ou ses héritiers, en retard de satisfaire aux dispositions des articles 55 et 56, seront condamnés à 100 fr. d'amende par chaque mois de retard, à compter du jour de la sommation qui leur aura été faite d'effectuer la remise.

58. Dans tous les cas, il sera dressé un état sommaire des minutes remises ; et le notaire qui les recevra s'en chargera au pied de cet état, dont un double sera remis à la chambre de discipline.

A défaut d'état, le nouveau notaire est présumé avoir reçu les minutes au complet et en bon état ; il en demeure responsable.

59. Le titulaire ou ses héritiers, et le notaire qui recevra les minutes, aux termes des articles 54, 55 et 56, traiteront, de gré à gré, des recouvrements, à raison des actes dont les honoraires sont encore dus, et du bénéfice des expéditions. S'ils ne peuvent s'accorder, l'appréciation en sera faite par deux notaires dont les parties conviendront, ou qui seront nommés d'office parmi les notaires de la même résidence, ou, à leur défaut, parmi ceux de la résidence la plus voisine.

60. Tous les dépôts de minutes, sous la dénomination de chambres de contrats, bureaux de tabellionnage, et autres, sont maintenus à la garde de leurs possesseurs actuels. Les grosses et expéditions ne pourront en être délivrées que par un notaire de la résidence des dépôts, ou, à défaut, par un notaire de la résidence la plus voisine. Néanmoins, si lesdits dépôts de minutes ont été remis au greffe d'un tribunal, les grosses et expéditions pourront, dans ce cas seulement, être délivrées par le greffier.

61. Immédiatement après le décès du notaire ou autre possesseur de minutes, les minutes et répertoires seront mis sous les scellés par le juge de' paix de la résidence, jusqu'à ce qu'un autre notaire en ait été provisoirement chargé par ordonnance du président du tribunal de la résidence.

Choix du notaire gérant, art. 31 ci dessus.
Etat sommaire des minutes, art. 58 ci dessus.

TITRE III

DES NOTAIRES ACTUELS

62. Sont maintenus définitivement tous les notaires qui, au jour de la promulgation de la présente loi, seront en exercice.

63. Sont également maintenus définitivement les notaires qui, au jour de la promulgation de la présente loi, n'ayant point été remplacés, n'auraient interrompu l'exercice de leurs fonctions ou n'auraient été empêchés d'y rentrer que pour cause, soit d'incompatibilité, soit de service militaire.

64. Tous lesdits notaires exerceront ou continueront d'exercer leurs fonctions, et conserveront rang entre eux, suivant la date de leurs réceptions respectives. Mais ils seront tenus, dans les trois mois du jour de la publication de la présente loi : 1° De remettre au greffe du tribunal de première instance de leur résidence, et sur un récépissé du greffier, tous les titres et pièces concernant leurs précédentes nomination et réception ; 2° de se pourvoir avec ce récépissé, auprès du gouvernement, à l'effet d'obtenir du premier Consul une commission confirmative, dans laquelle seront rappelés la date de leurs nomination et réception primitives, ainsi que le lieu fixe de leur résidence.

65. Dans les deux mois qui suivront la délivrance de cette commission, chacun desdits notaires sera tenu de prêter le serment prescrit par l'article 47, et de se conformer aux dispositions de l'article 49 pour le dépôt des signature et paraphe. Le présent article et le précédent seront exécutés, à peine de déchéance.

66. Les notaires qui réunissent des fonctions incompatibles seront tenus, dans les trois mois du jour de la publication de la présente loi, de faire leur option, et d'en déposer l'acte au greffe du tribunal de première instance de leur résidence ; sinon, ils seront considérés comme ayant donné leur démission de l'état de notaire, et remplacés ; et, dans le cas où ils continueraient à l'exercer, ils encourront les peines prononcées par l'article 52.

67. A compter du jour de leur option, ils auront un délai de trois mois pour obtenir la commission du premier Consul, et pour remplir les formalités prescrites aux articles 47 et 49 ; le tout sous les mêmes peines.

DISPOSITIONS GÉNÉRALES

68. Tout acte fait en contravention aux dispositions contenues aux articles 6, 8, 9, 10, 14, 20, 52, 64, 65, 66 et 67, est nul, s'il n'est pas revêtu de la signature de toutes les parties ; et lorsque l'acte sera revêtu de la signature de toutes les parties contractantes, il ne vaudra que comme écrit sous signature privée ; sauf dans les deux cas, s'il y a lieu, les dommages-intérêts contre le notaire contrevenant.

Les actes soumis à la forme notariée sont radicalement nuls s'ils manquent de l'une des conditions exigées.

69. La loi du 6 octobre 1791, et toutes autres, sont abrogées en ce qu'elles ont de contraire à la présente.

---

4 janvier 1843

Ordonnance relative à l'organisation des Chambres de notaires et à la discipline du notariat

CHAMBRE DE DISCIPLINE DES NOTAIRES ET SES ATTRIBUTIONS

ART. **1**er. Il y a près de chaque tribunal civil de première instance, et dans la ville où il siège, une chambre des

notaires chargée du maintien de la discipline parmi les
notaires de l'arrondissement.

Le Décret du 16 juin 1907 détermine le rang de la chambre des
notaires dans les cérémonies publiques.

Les diverses chambres n'ont entr'elles aucun lien légal, sauf pour la
commission départementale d'examen, L. 25 ventose an XI, art. 42
nouveau.

Une seule œuvre réunit tout le notariat de France, c'est l'association
de prévoyance, établissement d'utilité publique, Décr., 28 mai 1870.

2. Les attributions de la chambre sont : 1° De prononcer ou de provoquer, suivant les cas, l'application de toutes les dispositions de discipline ; 2° De prévenir ou concilier tous différends entre notaires, et notamment ceux qui pourraient s'élever, soit sur des communications, remises, dépôts ou rétentions de pièces, fonds et autres objets quelconques, soit sur des questions relatives à la réception et garde des minutes, à la préférence ou concurrence dans les inventaires, partages, ventes, ou adjudications ou autres actes ; et, en cas de non conciliation, d'émettre son opinion par simple avis ; 3° De prévenir ou concilier également toutes plaintes et réclamations de la part de tiers contre les notaires, à raison de leurs fonctions ; donner simplement son avis sur les dommages-intérêts qui pourraient être dus, et réprimer, par voie de censure et autres dispositions de discipline, toutes infractions qui en seraient l'objet, sans préjudice de l'action devant les tribunaux, s'il y a lieu ; 4° De donner son avis sur les difficultés concernant le règlement des honoraires et vacations des notaires, ainsi que sur les différends soumis à cet égard au tribunal civil ; 5° De délivrer ou refuser tous certificats de bonnes mœurs et capacité à elle demandés par les aspirants aux fonctions de notaire, prendre à ce sujet toutes délibérations, donner tous avis motivés, les adresser ou communiquer à qui de droit ; 6° De recevoir en dépôt les états des minutes dépendant des études de notaires supprimées ; 7° De représenter tous les notaires de l'arrondissement collectivement, sous le rapport de leurs droits et intérêts communs.

Pouvoirs d'administration : art. 23, 29, 33, 39 ci-dessous ; L. 25 ventose an XI, art. 32, 43, 44, 51, 58 ; Décr., 30 janvier 1890, art. 8 à 10.

Attributions répressives : art. 14, 15 ci-dessous ; L. 25 ventose an XI, art. 53.

Attributions consultatives, Décr., 25 août 1898, art. 3.

3. Toute décision ou délibération sera inscrite sur un registre coté et paraphé par le président de la chambre. Ce registre sera communiqué au ministère public à sa première réquisition.

ORGANISATION DE LA CHAMBRE

4. Les notaires de chaque arrondissement choisissent parmi eux les membres de leur chambre. La chambre des notaires de Paris est composée de dix-neuf membres ; les chambres établies dans les arrondissements où le nombre des notaires est au-dessus de cinquante, sont composées de neuf membres ; celles de tous les autres arrondissements, de sept.

5. Les chambres ne peuvent délibérer valablement qu'autant que les membres présents et votants sont au moins au nombre de douze pour Paris, de sept pour les chambres composées de neuf membres, et de cinq pour les autres chambres.

6. Les membres de la chambre choisissent entre eux un président, un syndic, un rapporteur, un secrétaire et un trésorier.

Le président a voix prépondérante en cas de partage d'opinions ; il convoque la chambre extraordinairement, quand il le juge à propos ou sur la réquisition motivée de deux autres membres ; il a la police de la chambre.

Le syndic est partie poursuivante contre les notaires inculpés ; il est entendu préalablement à toutes les délibérations de la chambre, qui est tenue de statuer sur ses réquisitions ; il a, comme le président, le droit de la convoquer ; il poursuit l'exécution de ses délibérations dans la forme ci-après déterminée ; enfin, il agit pour la chambre dans tous les cas et conformément à ce qu'elle a délibéré.

Le rapporteur recueille les renseignements sur les faits imputés aux notaires et en fait rapport à la chambre.

Le secrétaire rédige les délibérations de la chambre, est gardien des archives et délivre toutes les expéditions.

Le trésorier fait les recettes et dépenses autorisées par la chambre. A la fin de chaque trimestre, la chambre assemblée arrête son compte et lui en donne décharge.

Tableaux à tenir par le secrétaire : divorce, C. ci., 250 ; demande en séparation de biens, C. pr., 867 ; séparation de biens, C. pr., 872 ; séparation de corps, C. pr., 880 ; interdiction et nomination de conseil judiciaire, C. ci., 501 ; C. pr., 896 ; contrat de mariage de commerçant, C. co., 67.

7. Le nombre des syndics peut être porté à trois pour Paris, et à deux pour les chambres dont le ressort comprend plus de cinquante notaires.

8. Le président ou le syndic et le secrétaire des chambres établies dans un chef-lieu de Cour *royale (d'appel)*, sont nécessairement choisis parmi les notaires résidant au chef-lieu.

Quant aux autres chambres, le président ou le syndic, ou le secrétaire, est nécessairement choisi parmi les notaires de la ville où siège le tribunal de première instance.

Lorsque le secrétaire ne réside pas dans la ville ou siège le tribunal, le président ou le syndic a la garde des archives, tient le registre prescrit par l'article 33 ci-après et délivre les expéditions des délibérations de la chambre.

9. *Une ordonnance royale (un décret)* peut, suivant les localités, réduire ou augmenter le nombre des membres qui doivent composer les chambres, conformément aux dispositions de l'article 4. Dans ce cas, elle détermine le nombre des membres dont la présence est nécessaire à la validité des délibérations.

L'ordonnance qui réduira le nombre des membres de la chambre déclarera, s'il y a lieu, que les membres sortants pourront être réélus.

10. Indépendamment des attributions particulières données aux membres désignés en l'article 6, chacun d'eux a voix délibérative, ainsi que les autres membres, dans toutes les assemblées de la Chambre ; et, néanmoins, lorsqu'il s'agit d'affaires où le syndic est partie poursuivante, il ne prend pas part à la délibération.

11. Les fonctions spéciales attribuées par l'article 6 à chacun des officiers de la chambre, peuvent être cumulées lorsque le nombre des membres qui la composent est au-dessous de sept, dans le cas déterminé par l'article 9 de la présente ordonnance ; et, néanmoins, les fonctions de président, de syndic et de rapporteur sont toujours exercées par trois personnes différentes.

Quel que soit le nombre des membres composant la chambre, les mêmes fonctions peuvent aussi être cumulées momentanément, en cas d'absence ou empêchement de quelqu'un des membres désignés en l'article 6, lesquels, pour ce cas, se suppléent entre eux, ou peuvent même être suppléés par un autre membre de la chambre.

Les suppléants sont nommés par le président, ou, s'il est absent, par la majorité des membres présents en nombre suffisant pour délibérer.

DE LA DISCIPLINE

12. Il est interdit aux notaires, soit par eux-mêmes, soit par personnes interposées, soit directement, soit indirectement : 1° De se livrer à aucune spéculation de bourse ou opération de commerce, banque, escompte et courtage ; 2° De s'immiscer dans l'administration d'aucune société, entreprise ou compagnie de finances, de commerce ou d'industrie ; 3° De faire des spéculations relatives à l'acquisition et à la revente des immeubles, à la cession des créances, droits successifs, actions industrielles et autres droits incorporels ; 4° De s'intéresser dans aucune affaire pour laquelle ils prêtent leur ministère ; 5° De placer en leur nom personnel des fonds qu'ils auraient reçus, même à la condition d'en servir l'intérêt ; 6° De se constituer garants ou cautions, à quelque titre que ce soit, des prêts qui auraient été faits par leur intermédiaire ou qu'ils auraient été chargés de consta-

ter par acte public ou privé ; 7° De se servir de prête-noms
en aucune circonstance, même pour des actes autres que
ceux désignés ci-dessus.

Autres prohibitions : C. ci., 1596, 1597 ; L. 25 ventôse an XI, art. 6,
8, 10, 11, 14 ; Décr. 30 janvier 1890, art 1.

13. Les contraventions aux prohibitions portées en l'article précédent seront, ainsi que les autres infractions à la
discipline, poursuivies, lors même qu'il n'existerait aucune
partie plaignante, et punies, suivant la gravité des cas, en
conformité des dispositions de la loi du 25 ventôse an XI, et
de la présente ordonnance.

14. La chambre pourra prononcer contre les notaires,
suivant la gravité des cas, soit le rappel à l'ordre, soit la
censure simple par la décision même, soit la censure avec
réprimande, par le président, aux notaires en personne, dans
la chambre assemblée, soit la privation de voix délibérative
dans l'assemblée générale, soit l'interdiction de l'entrée de
la chambre pendant un espace de temps qui ne pourra excéder trois ans, pour la première fois, et qui pourra s'étendre
à six ans en cas de récidive.

L'action disciplinaire devant la chambre est indépendante de l'action
judiciaire, L., 25 ventose an XI, art. 53.

15. Si l'inculpation paraît assez grave pour mériter la
suspension ou la destitution du notaire inculpé, la chambre
s'adjoindra, par la voie du sort, d'autres notaires de l'arrondissement, savoir : celle de Paris, dix notaires, et les autres
chambres, un nombre inférieur de deux à celui de leurs
membres.

La chambre ainsi composée émettra, par forme de simple
avis, et à la majorité absolue des voix, son opinion sur la
suspension et sa durée, ou sur la destitution.

Les voix seront recueillies, en ce cas, au scrutin secret,
par oui ou par non ; mais l'avis ne pourra être formé qu'autant que les deux tiers, au moins, de tous les membres
appelés à l'assemblée seront présents.

16. Quand la chambre, ainsi composée, sera d'avis de

provoquer la suspension ou la destitution, une expédition du procès-verbal de sa délibération sera déposée au greffe du tribunal, et une expédition en sera remise au procureur *du roi (de la République)*.

17. Le syndic déférera à la chambre les faits relatifs à la discipline, et il sera tenu de les lui dénoncer, soit d'office, soit sur l'invitation du procureur *du roi (de la République)*, soit sur la provocation des parties intéressées ou d'un des membres de la chambre.

Le notaire inculpé sera cité à comparaître devant la chambre, dans un délai qui ne pourra être au-dessous de cinq jours, à la diligence du syndic, par une simple lettre indicative des faits, signée de lui, et envoyée par le secrétaire qui en tiendra note.

Si le notaire ne comparaît point sur la lettre du syndic, il sera cité une seconde fois dans le même délai, à la même diligence, par ministère d'huissier.

18. Quant aux différends entre notaires et aux difficultés sur lesquelles la chambre est chargée d'émettre son avis, les notaires pourront se présenter contradictoirement et sans citation préalable, devant la chambre ; ils pourront également y être cités, soit par simples lettres énonçant les faits, signées des notaires qui s'adressent à la chambre, et envoyées par le secrétaire auquel ils en remettent des doubles, soit par des actes d'huissier dont ils déposeront les originaux au secrétariat. Les lettres et citations seront préalablement visées par le président de la chambre. Le délai pour comparaître sera celui fixé par l'article 17 de la présente ordonnance.

19. Lorsqu'un notaire sera parent ou allié, en ligne directe à quelque degré que ce soit, et en ligne collatérale jusqu'au degré d'oncle ou de neveu inclusivement, de la partie plaignante ou du notaire inculpé ou intéressé, il ne pourra prendre part à la délibération.

20. La chambre prendra ses délibérations sur les plaintes et réclamations des tiers, après avoir entendu ou dûment appelé, dans la forme ci-dessus prescrite, les notaires inculpés ou intéressés, ensemble les tiers qui voudront être entendus, et qui, dans tous les cas, pourront se faire représenter ou assister par un notaire.

Les délibérations de la chambre seront motivées et signées par le président et le secrétaire, à la séance même où elles seront prises.

Chaque délibération contiendra les noms des membres présents.

Ces délibérations n'étant que de simples actes d'administration, d'ordre ou de discipline, ou de simples avis, ne sont dans aucun cas, sujettes à l'enregistrement, non plus que les pièces y relatives.

Les délibérations de la chambre sont notifiées, quand il y a lieu, dans la même forme que les citations, et il en est fait mention par le secrétaire en marge desdites délibérations.

21. Les assemblées de la chambre se tiendront en un local à ce destiné, dans la ville où elle sera établie.

22. Il y aura, chaque année, deux assemblées générales des notaires de l'arrondissement.

D'autres assemblées générales pourront avoir lieu toutes les fois que la chambre le jugera convenable.

Les assemblées générales ou extraordinaires seront convoquées conformément aux dispositions de l'article 6.

Tous les notaires du ressort de la chambre seront invités à s'y rendre, soit pour les nominations dont parle l'article 25 ci-après, soit pour se concerter sur ce qui intéressera l'exercice de leurs fonctions.

23. Les règlements qui seront faits, soit par l'assemblée générale, soit par la chambre, seront remis au procureur *du roi* (*de la République*), adressés par lui au procureur général, et soumis à l'approbation de notre garde des sceaux, ministre de la justice.

A défaut d'approbation ministérielle, les règlements n'ont qu'une valeur morale.

24. La présence du tiers des notaires de l'arrondissement, non compris les membres de la chambre, sera nécessaire pour la validité des délibérations de l'assemblée générale et pour les élections auxquelles elle procédera.

NOMINATION DES MEMBRES DE LA CHAMBRE ET DURÉE DE LEURS FONCTIONS

25. Les membres de la chambre seront nommés par l'assemblée générale des notaires, convoquée à cet effet. La moitié au moins desdits membres sera choisie dans les plus anciens en exercice, formant les deux tiers de tous les notaires du ressort. Deux au moins des membres appelés à faire partie des chambres établies dans un chef-lieu de Cour *royale* (*d'appel*), seront nécessairement choisis parmi les notaires résidant au chef-lieu. Quant aux autres chambres, un de leurs membres sera nécessairement choisi parmi les notaires de la ville où siège le tribunal de première instance. La nomination aura lieu à la majorité absolue des voix, au scrutin secret, et par bulletin de liste contenant un nombre de noms qui ne pourra excéder celui des membres à nommer. Le notaire élu membre de la chambre ne pourra refuser les fonctions qui lui auront été déférées qu'autant que son refus aura été agréé par l'assemblée générale.

26. La chambre sera renouvelée par tiers, chaque année, pour les nombres qui comportent cette division, et par portion approchant le plus du tiers pour les autres nombres, en faisant alterner chaque année les portions inférieures et supérieures au tiers, mais en commençant par les inférieures, et de manière que, dans tous les cas, aucun membre ne puisse rester en fonctions plus de trois ans consécutifs, sauf ce qui est dit en l'article précédent.

27. Les membres désignés pour composer la chambre nommeront entre eux, en suivant le mode de l'article 25, le président et les autres officiers dont parle l'article 6. Le président sera toujours pris parmi les plus anciens désignés dans l'article 25, sauf l'application de l'article 8. Ces nominations se renouvelléront chaque année ; les mêmes pourront être réélus ; à égalité de voix, le plus ancien d'âge sera préféré. Les membres élus officiers ne pourront refuser.

28. La nomination des membres de la chambre aura lieu dans la première quinzaine du mois de mai de chaque année. L'élection des officiers sera faite, au plus tard, le 15 mai, et la chambre sera constituée aussitôt après cette élection.

DES NOTAIRES HONORAIRES

29. Le titre de notaire honoraire pourra être conféré par *nous (le président de la République)*, sur la proposition de la chambre et le rapport *de notre (du)* garde des sceaux, ministre de la justice, aux notaires qui auront exercé leurs fonctions pendant vingt années consécutives.

30. Les notaires honoraires auront le droit d'assister aux assemblées générales. Ils auront voix consultative.

DES ASPIRANTS AU NOTARIAT

31. Tout clerc qui aspirera aux fonctions de notaire, se pourvoira d'un certificat du notaire chez lequel il travaillera. Ce certificat constatera le grade qu'il occupe dans l'étude du notaire.

32. L'inscription au stage prescrit par les articles 36 et suivants de la loi du 25 ventôse an XI, aura lieu sur la production faite par l'aspirant de son acte de naissance et du certificat mentionné en l'article précédent.

Nouveaux articles 39 et 44 de la loi du 25 ventôse an XI.

33. Il sera tenu à cet effet, par le secrétaire, un registre qui sera coté et paraphé par le président. Les inscriptions audit registre seront signées tant par le secrétaire de la chambre que par l'aspirant. Elles devront être faites dans les trois mois de la date du certificat délivré comme il est dit en l'article 31. Ce certificat et l'acte de naissance de l'aspirant resteront déposés aux archives de la chambre.

34. Aucun aspirant au notariat ne sera admis à l'inscription s'il n'est âgé de dix-sept ans accomplis.

35. Les inscriptions pour les grades inférieurs à celui de quatrième clerc ne seront admises que sur l'autorisation de la chambre, qui pourra la refuser lorsque le nombre de clercs demandé sera évidemment hors de proportion avec l'importance de l'étude. Le même grade ne pourra être conféré concurremment à deux ou plusieurs clercs dans la même étude.

36. Toutes les fois qu'un aspirant passera d'un grade à un autre, ou changera d'étude, il sera tenu d'en faire, dans les trois mois, la déclaration, qui sera reçue dans la forme prescrite par l'article 33 ci-dessus. Cette déclaration sera toujours accompagnée d'un certificat constatant son grade.

Nouveaux articles 40, 41 et 44 de la loi du 25 ventôse an XI.

37. Les chambres exerceront une surveillance générale sur la conduite de tous les aspirants de leur ressort, et pourront, suivant les circonstances, prononcer contre eux soit le rappel à l'ordre, soit la censure, soit enfin la suppression du stage pendant un temps déterminé qui ne pourra excéder une année. Il sera procédé contre les clercs dans les mêmes formes que celles prescrites par la présente ordonnance à l'égard des notaires. Néanmoins les dispositions des articles 15 et 16 ne seront pas applicables. Dans tous les cas, le notaire dans l'étude duquel travaillera le clerc inculpé sera préalablement entendu ou appelé.

38. Dans le mois de la publication de la présente ordonnance, le registre d'inscription prescrit par l'article 33, sera ouvert au secrétariat des chambres où ce mode de constater le stage ne serait pas déjà établi. Tous les aspirants travaillant dans les études du ressort desdites chambres seront tenus de se faire inscrire au plus tard avant le 1ᵉʳ avril prochain, et la première inscription de chacun d'eux, faite dans ledit délai, constatera tout le temps de stage qui leur sera déjà acquis en vertu des certificats qu'ils représenteront, lesquels, pour cette première inscription, devront être visés par le syndic de la chambre.

DE LA BOURSE COMMUNE

39. Il y aura une bourse commune pour les dépenses de la chambre. Il n'y sera versé que les sommes nécessaires pour subvenir aux dépenses votées par l'assemblée générale. La délibération par laquelle l'assemblée générale l'aura établie sera soumise à l'approbation de notre garde des sceaux, ministre de la justice, ainsi qu'il est dit en l'article 23 ci-dessus. La répartition des sommes votées entre les notaires de l'arrondissement sera proposée par l'assemblée générale ; le rôle en sera rendu exécutoire par le premier président, sur l'avis du procureur général.

DISPOSITIONS GÉNÉRALES

40. L'arrêté du 2 nivôse an XII est abrogé. Néanmoins, les Chambres actuellement en exercice sont maintenues. Elles seront organisées conformément à la présente ordonnance lors du renouvellement triennal qui aura lieu dans la première quinzaine du mois de mai prochain.

------

21 juin 1843

LOI SUR LA FORME DES ACTES NOTARIÉS

1. Les actes notariés passés depuis la promulgation de la loi du 25 ventôse an XI, ne peuvent être annulés par le motif que le notaire en second ou les deux témoins instrumentaires n'auraient pas été présents à la réception desdits actes.

2. *A l'avenir, les actes notariés contenant donation entre vifs, donation entre époux pendant le mariage, révocation de donation ou de testament, reconnaissance d'enfants naturels, et les procurations pour consentir ces divers actes, seront, à peine de nullité, reçus conjointement par deux notaires, ou par un notaire en présence de deux témoins.*

La présence du notaire en second ou des deux témoins n'est requise qu'au moment de la lecture des actes par le notaire et de la signature par les parties ; elle sera mentionnée, à peine de nullité.

3. Les autres actes continueront à être régis par l'article 9 de la loi du 25 ventôse an XI, tel qu'il est expliqué dans l'article 1er de la présente loi.

4. Il n'est rien innové aux dispositions du code civil sur la forme des testaments.

Les articles 2, 3 et 4 abrogés par la loi du 12 août 1902.

----

30 janvier 1890

Décret complétant l'ordonnance du 4 janvier 1843, relative au notariat

1. Indépendamment des prohibitions énoncées dans l'ordonnance du 4 janvier 1843, il est interdit aux notaires :

1° De recevoir ou conserver des fonds à charge d'en servir l'intérêt ;

2° D'employer, même temporairement, les sommes ou valeurs dont ils sont constitués détenteurs à un titre quelconque, à un usage auquel elles ne seraient pas destinées ;

3° De retenir, même en cas d'opposition, les sommes qui doivent être versées par eux à la Caisse des dépôts et consignations dans les cas prévus par les lois, décrets et règlements ;

4° De faire signer des billets ou reconnaissances en laissant le nom du créancier en blanc ;

5° De laisser intervenir leurs clercs sans un mandat écrit dans les actes qu'ils reçoivent.

2. Les notaires ne peuvent conserver durant plus de six mois les sommes qu'ils détiennent pour le compte de tiers, à quelque titre que ce soit.

Toute somme qui, avant l'expiration de ce délai, n'a pas été remise aux ayants droit sera versée par le notaire à la Caisse des dépôts et consignations.

Toutefois les notaires peuvent conserver ces fonds pour une nouvelle période n'excédant pas six mois, sur la demande écrite des parties intéressées.

La demande ne peut être adressée au notaire que dans le mois précédant l'expiration du délai fixé au paragraphe premier.

Les notaires doivent donner immédiatement avis à la chambre de la demande qui leur aura été adressée.

Consignations : vente de meubles, C. Pr., 659 ; Ord., 3 juillet 1816 ; titres et valeurs de successions, L., 28 juillet 1875.

3. Chaque notaire doit tenir une comptabilité destinée spécialement à constater les recettes et les dépenses de toute nature effectuées pour le compte de ses clients ; à cet effet, il doit avoir au moins un livre journal, un registre de frais d'actes, un grand-livre, un livre de dépôts de titres et valeurs, conformes à un modèle arrêté par le Garde des sceaux.

Le livre journal et le livre de dépôt de titres et valeurs sont cotés et parafés par le président du tribunal.

4. Le livre journal doit mentionner, jour par jour, par ordre de dates, sans blancs, lacunes, ni transports en marge, notamment :

1° Les noms des parties ;

2° Les sommes dont le notaire aura été constitué déten-teur et leur destination, ainsi que les recettes de toute nature et les sorties de fonds.

Chaque article aura un numéro d'ordre et contiendra un renvoi au folio du grand-livre où se trouve reportée, soit la recette, soit la dépense.

5. Le registre d'étude ou de frais d'actes contient dans l'ordre chronologique des actes reçus par le notaire, sous le nom du client débiteur, le détail des frais et honoraires de chaque acte.

6. Le grand-livre contient le compte de chaque client par le relevé de toutes les recettes et dépenses effectuées pour lui.

La balance de chaque compte doit être faite au moins une fois par trimestre, soit sur le grand-livre, soit sur un registre spécial de balances de comptes.

7. Le livre de dépôts de titres et valeurs mentionne jour par jour, par ordre de dates, sans blancs, lacunes ni transports en marge, au nom de chaque client, les entrées et sorties des titres et valeurs au porteur ou nominatifs, avec l'indication de leurs numéros et immatricules.

Titres, valeurs et sommes dépendant de succession ouverte. L., 8 juillet 1852, art. 25, modifié le 25 février 1901.

8. Les chambres de discipline sont chargées de vérifier si la comptabilité des notaires est régulière et si la situation de la caisse spéciale des dépôts est conforme aux énonciations des registres ; sans préjudice des droits de surveillance qui appartiennent également au ministère public.

Pour exercer son contrôle, la chambre désigne des délégués qui devront procéder à la vérification, au moins une fois l'an, dans chaque étude de l'arrondissement.

Les délégués sont choisis parmi les membres ou anciens membres de la chambre et les notaires honoraires, qu'ils aient ou non exercé dans l'arrondissement.

Les notaires en exercice ne pourront refuser cette délégation.

Chaque vérification est faite par deux délégués ; hors de Paris, ces délégués sont choisis, autant que possible, pour les chefs-lieux d'arrondissement et, pour chaque canton, parmi les notaires étrangers à ces résidences.

9. Les délégués ont le droit de se faire représenter, sans déplacement et à toute réquisition, les registres de comptabilité et les actes qui ont pu être l'occasion d'un dépôt.

Ils apposent leur visa sur les registres, avec l'indication du jour de la vérification.

Ils s'assurent des conditions dans lesquelles a eu lieu la prorogation de délai prévue au paragraphe 3 de l'article 2.

Les clercs doivent rendre compte aux délégués de l'exécution des mandats qui leur ont été confiés et dont mention est faite dans les actes reçus par le notaire chez lequel ils travaillent.

Les délégués transmettent sans délai à la chambre de discipline le compte-rendu de leurs opérations.

10. Le président de la chambre adresse au procureur de la République un rapport constatant, pour chaque étude, les résultats de la vérification et accompagné de son avis motivé.

Ces rapports seront transmis au fur et à mesure des vérifications et au plus tard avant le 31 décembre de chaque année.

11. Seront punies, conformément aux dispositions de la loi du 25 ventôse an XI et de l'ordonnance du 4 janvier 1843, les contraventions au présent décret et au règlement prévu en l'article 17 ci-après, y compris celles qui seraient commises par les membres ou délégués des chambres.

12. En cas de manquements graves à ses devoirs, notamment à ceux qui découlent de la mission qui lui est confiée par l'article 8 ci-dessus, la chambre de discipline peut être suspendue ou dissoute par arrêté du Garde des sceaux, après avis de la première chambre de la cour d'appel délibérant en chambre du conseil.

Le ministère public saisit la cour par voie de citation donnée au président et au syndic de la chambre de discipline. Le délai de la citation sera de huitaine.

Le procureur général transmet, avec ses observations, l'avis de la cour au Garde des sceaux pour être par lui statué ce qu'il appartiendra.

13. La suspension ne peut être prononcée pour plus de six mois.

14. Pendant la durée de la suspension, ou en cas de dissolution, les attributions de la Chambre de discipline sont transférées au tribunal ou aux deux premières chambres dans les tribunaux composés de plus de deux chambres.

La chambre des vacations aura les mêmes pouvoirs durant les vacances des tribunaux.

Le Tribunal, ainsi constitué en chambre de discipline, peut, dans le cas où il le juge nécessaire, désigner un ou plusieurs notaires honoraires ou en exercice, chargés d'agir pour la chambre et conformément à ce qu'il aura délibéré.

Néanmoins, les poursuites disciplinaires ne peuvent être exercées que par le ministère public.

15. A l'expiration du délai fixé par l'arrêté de dissolution, délai qui ne peut excéder trois années, le président du Tribunal convoque l'assemblée générale des notaires pour procéder à l'élection d'une nouvelle chambre de discipline.

16. Les dispositions relatives au dépôt des fonds et à la comptabilité seront exécutoires à partir du 1er juillet 1890. Celles des articles 8, 9 et 10 du présent décret seront exécutoires pour les chambres de discipline à partir du 1er janvier 1891.

17. Il sera pourvu, d'accord avec le ministre des finances, au règlement des formalités spéciales nécessaires pour le dépôt et pour le retrait des sommes déposées à la Caisse des dépôts et consignations en vertu de l'article 2 du présent décret.

2 février 1890

Décret relatif au dépôt et au retrait des sommes versées par les notaires à la Caisse des dépôts et consignations

CHAPITRE Ier. — *Des versements*

1. Les sommes que les notaires, en vertu de l'article 2 du décret du 30 janvier 1890, versent à la Caisse des dépôts, sont reçues, à Paris et dans le département de la Seine, à la Caisse générale et, dans les départements, par les préposés de la Caisse pour l'arrondissement dans lequel les notaires ont leur résidence. Toutefois, la Chambre de discipline pourra autoriser un notaire à effectuer ses versements dans un arrondissement voisin.

2. Chaque versement est accompagné de la remise par le déposant, au préposé de la caisse des dépôts d'un bulletin destiné à la Chambre de discipline et mentionnant l'affaire ou les affaires donnant lieu au versement. Cette mention est uniformément conçue dans les termes suivants : « Affaire N... ».

La Caisse des dépôts demeure étrangère aux indications et mentions portées sur les bulletins de versement ; elle ne les relate ni dans ses écritures, ni dans les récépissés qu'elle délivre aux parties versantes. Elle reçoit ces bulletins pour les remettre à la chambre de discipline dont relève le notaire.

3. Chaque versement donne lieu à la délivrance d'un récépissé à talon, établi au nom du notaire déposant, dans les conditions déterminées par les articles 1 et 7 de la loi du 24 avril 1833.

Cette loi du 24 avril 1833 est abrogée par l'article 11 de la loi budgétaire du 24 décembre 1896. D'après le nouveau texte tout versement donne lieu obligatoirement à la délivrance immédiate d'un récépissé à talon, et à Paris ce récépissé doit être revêtu du visa du contrôle.

CHAPITRE II. — Des retraits

4. Les fonds versés par les notaires sont remboursés par les préposés de la Caisse des dépôts qui ont reçu les versements, sur la production d'autorisations de paiement délivrées par les notaires et à la suite d'avis préalables adressés aux préposés dans un délai déterminé par les arrêtés du directeur général prévus à l'article 13 ci-après, et qui ne pourra excéder cinq jours.

5. Les autorisations sont détachées d'un carnet à souche et à talon. Elles y sont comprises entre la souche et le talon. Une suite continue de numéros est imprimée sur les souches, sur les autorisations et sur les deux parties des talons prévues à l'article 8 ci-après.

6. Ces autorisations sont délivrées par le notaire titulaire du compte courant; elles sont quittancées en présence du comptable chargé du paiement, soit par le notaire, soit par son fondé de procuration, soit par la personne dont il a spécialement accrédité la signature pour un retrait déterminé.

7. Le notaire qui délivre une autorisation de paiement reproduit à la souche les indications qui figurent dans cette autorisation. Il y ajoute la mention de l'affaire ou des affaires donnant lieu au retrait.

8. Le talon de l'autorisation de paiement est divisé horizontalement en deux parties :

La première renferme la formule de l'avis préalable à adresser au préposé de la Caisse. Cette formule indique si le paiement sera réclamé par le notaire lui-même, par son fondé de pouvoir ou par une tierce personne dont, dans ce cas, elle accrédite la signature ;

La seconde partie du talon, dite bulletin de retrait, mentionne la date de l'avis et la somme qu'il concerne. Le talon comprenant l'avis et le bulletin de retrait est remis au préposé de la Caisse dans les délais réglementaires, par les soins du notaire qui veut effectuer le retrait.

Les bulletins de retrait, séparés des avis, sont mis par la Caisse des dépôts à la disposition de la chambre de discipline dans les conditions prévues, pour les bulletins de versement, à l'article 2 du présent décret.

9. Les autorisations de paiement ne mentionnent pas le nom de la personne appelée à les quittancer ; elles se bornent à énoncer que le paiement devra être effectué entre les mains de la partie désignée dans la formule d'avis.

10. Les autorisations de paiement ne sont valables que pendant les trente jours qui suivent la date où l'avis est parvenu à la Caisse. Cette clause est insérée dans le texte des autorisations.

Lorsqu'une autorisation n'est pas présentée dans ce délai de trente jours, l'avis et l'autorisation sont considérés comme nuls. La partie du talon portant avis est renvoyée au notaire.

11. Le carnet à souche des autorisations de paiement est établi conformément au modèle arrêté par le directeur général de la Caisse des dépôts. Il est fourni à charge de remboursement, par la Caisse des dépôts. Il est remis par les soins de la chambre de discipline, au notaire intéressé, qui ne peut être détenteur que d'un seul carnet à la fois.

Le nom du notaire et le numéro de son compte courant sont reproduits à l'encre grasse sur la souche, sur l'autorisation de paiement et sur les deux parties du talon.

Le sceau de la chambre de discipline est apposé à la souche sur chaque page du carnet.

La chambre de discipline fait connaître à la Caisse la date de la remise de chaque carnet, ainsi que le nombre et la série des numéros des autorisations contenues dans le carnet.

CHAPITRE III. — *Du compte courant.*

12. La Caisse des dépôts tient un compte spécial au nom de chaque notaire déposant. Ce compte est réglé, en capital et intérêts, au 31 décembre de chaque année.

Les intérêts annuels sont capitalisés à cette date. Dans le courant de l'année, ils ne sont liquidés et payés que sur demande spéciale et pour un compte soldé intégralement.

13. Les conditions des comptes courants ouverts aux notaires qui ne sont pas prévues au présent décret, et en particulier, les délais d'avis préalable et le taux de l'intérêt bonifié sont déterminés par des arrêtés du directeur de la Caisse des dépôts, pris après avis de la commission de surveillance et soumis à l'approbation du ministre des finances.

Les sommes déposées produisent intérêt à 1 %, arr. 16 juillet 1894.
Les clients sont propriétaires des intérêts, C. ci. 1936.
Avis préalable au retrait, arr. 14 février 1890.

14. Un extrait de son compte courant, arrêté le 31 décembre précédent, est transmis dans les deux premiers mois de l'année à chaque notaire, par l'intermédiaire de la chambre de discipline de l'intéressé.

La Caisse doit donner à toute époque, communication du compte courant d'un notaire à la chambre de discipline.

15. Les dispositions du précédent décret sont applicables à partir du 1er juillet 1890.

---

15 février 1890

ARRÊTÉ ministériel relatif aux livres de comptabilité notariale

1. Le livre-journal ou livre de caisse sera divisé en huit colonnes, indiquant : — La première, le numéro d'ordre ; — Les notaires devront n'avoir qu'une seule série de numéros, depuis le commencement de leur exercice ; — La deuxième, le numéro du folio du grand-livre où la somme est reportée ; — La troisième, la date de la recette ou de la dépense ; — La quatrième, les noms et demeures des parties, la cause de la recette ou de la dépense ; — La cinquième et la sixième, les recettes et dépenses d'étude ; — La septième et la huitième, les recettes et dépenses faites pour les clients. — Ce registre sera conforme au modèle A ci-après. — Toutefois, les notaires qui voudront avoir une comptabilité plus complète et séparer la comptabilité d'étude de la comptabilité des clients sont autorisés à diviser leur livre-journal et à tenir deux registres, pourvu que chaque registre contienne, avec les recettes et dépenses qui lui sont applicables, les autres énonciations ci-dessus prescrites.

2. Le registre d'étude ou de frais d'actes sera divisé en huit colonnes indiquant : — La première, le numéro d'ordre ; — La deuxième, le numéro du folio du grand-livre où l'article sera reporté ; — La troisième, la date de l'acte ; — La quatrième, les nom et demeure du client débiteur ; — La cinquième, la nature de l'acte et le détail des formalités ; — La sixième, les déboursés divers ; — La septième, les honoraires de l'acte ; — La huitième, les totaux. — Ce registre sera conforme au modèle B ci-après.

3. Le grand-livre de comptes des clients sera divisé en sept colonnes, indiquant : — La première, le numéro d'ordre du livre-journal ou du registre d'étude ; — La deuxième, la date de la recette ou de la dépense ; — La troisième, l'indication des causes de la recette ou de la dépense ; — La quatrième et la cinquième, le chiffre de la recette ou de la dépense d'étude ; — La sixième et la septième, le chiffre de la recette ou de la dépense faite pour les clients. — Le nom et la demeure du client seront inscrits en tête de chaque article. — Ce registre sera conforme au modèle C ci-après. — Toutefois, les notaires pourront, comme pour le livre-journal, diviser leur grand-livre de comptes en deux registres : grand-livre de l'étude, grand-livre des clients.

A. Livre journal ou Livre de caisse
Juillet 1909

| NUMÉROS | | DATES | NOMS ET DEMEURES DES PARTIES | ÉTUDE | | FONDS DE CLIENTS | |
D'ORDRE	DU FOLIO du grand-livre		CAUSES DES RECETTES ET DES DÉPENSES	RECETTES	DÉPENSES	RECETTES	DÉPENSES

B. Registre d'étude ou de frais d'actes
Juillet 1909

| NUMÉROS | | DATES | NOMS ET DEMEURES des CLIENTS DÉBITEURS | NATURE DES ACTES — DÉTAIL DES FORMALITÉS | DÉBOURSÉS | HONORAIRES | TOTAUX |
du LIVRE-JOURNAL	DE RENVOI au grand-livre						

C. Grand-Livre

M. Lerouge (Eugène) à . . . .

NUMÉROS		DATE de la RECETTE ou de LA DÉPENSE	DÉTAIL DES OPÉRATIONS — INDICATION DES CAUSES DE LA RECETTE OU DE LA DÉPENSE	ÉTUDE		FONDS DE CLIENTS	
LIVRE-JOURNAL	REGISTRE D'ÉTUDE			RECETTES	DÉPENSES	RECETTES	DÉPENSES

D. Livre de dépôt des titres et valeurs

NUMÉROS D'ORDRE	DATE DE L'ENTRÉE des TITRES ET VALEURS	NATURE ET NOMBRE DES TITRES — NUMÉROS DES TITRES	SORTIE DES TITRES — INDICATIONS RELATIVES A LA REMISE

4. Le livre de dépôt de titres et valeurs sera divisé en quatre colonnes, indiquant : — La première, le numéro d'ordre ; — La deuxième, la date de l'entrée des titres et valeurs ; — La troisième, le nombre, la nature des titres et leurs numéros ; — La quatrième, la sortie des titres et les énonciations diverses relatives à la remise. — Ce livre sera conforme au modèle D ci-dessus.

5. Les modèles ne sont qu'indicatifs des colonnes et énonciations que doivent contenir les registres, et non du format.

---

20 juin 1896

Loi ayant pour objet d'autoriser le gouvernement à fixer par un ou plusieurs réglements d'administration publique les honoraires, vacations, frais de rôles et autres droits qui peuvent être dûs aux notaires à l'occasion des actes de leur ministère.

1. Il sera dressé, au moyen de règlements d'administration publique, par ressort de cour d'appel, le département de la Seine excepté, un tarif des honoraires, vacations, frais de rôles èt de voyages et autres droits qui peuvent être dûs aux notaires à l'occasion des actes de leur ministère.

Il sera dressé, en la forme indiquée au § 1er un tarif spécial pour le département de la Seine.

Ces divers tarifs pourront faire l'objet de décrets successifs.

2. Pour les actes qui n'auraient pas été compris dans le tarif, les frais seront, à défaut de règlement amiable entre les notaires et les parties, taxés par le président du tribunal de la résidence du notaire.

3. Toutes dispositions contraires aux décrets qui seront rendus seront abrogées à partir de la promulgation de ces décrets.

---

24 décembre 1897

LOI relative au recouvrement des frais dus aux notaires, avoués et huissiers

1. Le droit des notaires au payement des sommes

à eux dues pour les actes de leur ministère se prescrit par cinq ans à partir de la date des actes. Pour les actes dont l'effet est subordonné au décès, tels que les testaments et les donations entre époux pendant le mariage, les cinq ans ne courront que du jour du décès de l'auteur de la disposition. — Il n'est pas innové, en ce qui concerne les huissiers et les avoués, aux dispositions édictées par les articles 2272 et 2273 du Code civil. — La prescription a lieu, quoiqu'il y ait eu continuation d'actes de leur ministère de la part des notaires, avoués et huissiers. Elle ne cesse de courir que lorsqu'il y a eu compte arrêté, reconnaissance, obligation ou signification de taxe, en conformité de l'article 4 ci-après. — Les articles 2275 et 2278 du Code civil sont applicables à ces prescriptions.

2. Les demandes en taxe et les actions en restitution de frais dus aux notaires, avoués et huissiers, pour les actes de leur ministère, se prescrivent par deux ans du jour du payement ou du règlement par compte arrêté, reconnaissance ou obligation.

3. Les notaires, avoués et huissiers ne pourront poursuivre le payement des frais s'appliquant aux actes de leur ministère qu'après en avoir obtenu la taxe et suivant les formes établies à l'article suivant. — La demande de taxe pour les notaires est portée devant le président du tribunal civil de la résidence des notaires ou, en cas d'empêchement, devant un juge commis par lui. La taxe sera arrêtée conformément au tarif, s'il s'agit d'actes qui y sont compris, et, s'il s'agit d'actes non tarifés, suivant la nature et l'importance de ces actes, les difficultés que leur rédaction a présentées et la responsabilité qu'ils peuvent entraîner. — Pour les avoués et les huissiers, la taxe sera faite par le président du tribunal ou par le premier président de la cour d'appel où les frais ont été faits, ou, à leur défaut, par un juge qu'ils désigneront. S'il s'agit de frais relatifs à une instance, le magistrat taxateur devra, à moins d'empêchement, avoir pris part au jugement ou à l'arrêt. — Pour les notaires et les avoués, en matière de compte, liquidation et partage, les frais faits devant le tribunal seront taxés, à moins d'empêchement, par le juge-commissaire.

4. Les notaires, avoués et huissiers devront signifier à la partie débitrice, par acte d'avoué à avoué, s'il y a avoué constitué, sinon à personne ou domicile, l'état détaillé des frais taxés et l'ordonnance du magistrat taxateur revêtue, sur minute, de la formule exécutoire. — Cette signification contiendra, en outre, à peine de nullité : 1° constitution d'avoué pour le requérant ; 2° la déclaration que cette ordonnance deviendra définitive si elle n'est pas frappée d'opposition dans les délais déterminés au paragraphe suivant. — Dans les quinze jours de la signification, sauf l'application des dispositions des articles 73, 74 et 1033 du Code de procédure civile, l'ordonnance de taxe est susceptible d'opposition de la part tant de la partie débitrice que de la partie qui en est bénéficiaire. Cette opposition est motivée et faite par acte d'avoué à avoué, s'il y a avoué constitué ; sinon, par ajournement. — Le délai imparti par le paragraphe précédent est suspendu par la mort de l'une des parties ayant le droit d'opposition. Il reprend son cours après une nouvelle signification faite au domicile du défunt, et à compter de l'expiration des délais pour faire inventaire et délibérer, si cette signification a eu lieu avant que ces derniers délais fussent expirés. Cette signification pourra être faite aux héritiers collectivement et sans désignation des noms et qualités. — Les débats auront lieu en chambre du conseil, sans procédure, le ministère public entendu. — Le jugement sera rendu en audience publique ; il sera susceptible d'appel dans les formes et dans les cas ordinaires. — La signification de l'ordonnance de taxe, faite conformément aux prescriptions de la présente loi, à la requête des notaires, avoués et huissiers, interrompt la prescription et fait courir les intérêts. — L'ordonnance de taxe vaut titre exécutoire ; elle emporte hypothèque judiciaire ; mais elle ne pourra être exécutée et l'inscription ne pourra être prise valablement qu'après l'expiration du délai d'opposition.

5. Les mêmes règles s'appliquent aux frais, non liquidés par le jugement ou l'arrêt, réclamés par un avoué, distractionnaire des dépens, contre la partie adverse condamnée à les payer.

Toutefois, en ce cas : 1º Le délai d'opposition ne sera pas augmenté à raison des distances, si le jugemeut ou l'arrêt sur le fond est contradictoire ; 2º L'appel ne sera recevable que s'il y a appel de quelque disposition sur le fond ; 3º L'ordonnance de taxe pourra être exécutée dès qu'elle aura été signifiée, et l'inscription de l'hypothèque judiciaire pourra été valablement prise, avant même la signification.

L'exécution de l'ordonnance de taxe sera suspendue s'il y est fait opposition, ou si la décision sur le fond est frappée d'opposition ou d'appel.

6. La présente loi est applicable aux paiements et règlements effectués, aux actes passés et aux frais faits antérieurement à sa promulgation.

7. La loi du 5 août 1881 est abrogée.

L'article 30 de la loi du 22 frimaire an VII, l'article 51 de la loi du 25 ventôse an XI et les décrets du 16 février 1807 sont abrogés dans celles de leurs dispositions qui sont contraires à la présente loi.

8. La présente loi est applicable à l'Algérie et aux colonies.

---

25 août 1898

DÉCRET fixant le tarif des honoraires, vacations, frais de rôles et autres droits qui peuvent être dus aux notaires à l'occasion des différents actes de leur ministère.

1. Les honoraires, vacations, frais de rôles et de voyages et autres droits qui peuvent être dus aux notaires à l'occasion des actes de leur ministère sont fixés, pour le ressort de la cour d'appel, conformément au tarif ci-annexé.

2. L'honoraire tarifé d'un acte comprend l'émolument de

tous les soins, conseils, consultations, conférences, examens de pièces, projets et autres travaux relatifs à la rédaction de l'acte.

3. Les dispositions du présent tarif ne sont point exclusives des émoluments qui peuvent être réclamés par les notaires, soit pour des travaux autres que la rédaction des actes, soit pour des missions dont ils seraient chargés à titre exceptionnel, et qui n'auraient rien d'incompatible avec la nature et la dignité de leur ministère. — Ces émoluments sont réglés à l'amiable sous le contrôle de la chambre de discipline. — Les notaires ne peuvent percevoir aucun droit de recette et de comptabilité pour l'encaissement et la garde des fonds et des valeurs déposés en conséquence ou pour l'exécution directe d'un acte de vente ou d'emprunt passé dans leur étude.

En vertu de cet article les chambres ont rappelé, par délibérations spéciales, les usages suivis traditionnellement dans chaque ressort.

4. Il est interdit aux notaires, sous peine de restitution et de poursuites disciplinaires, s'il y a lieu, d'exiger des droits et honoraires plus élevés que ceux portés au tarif. — Les notaires peuvent faire remise de la totalité des honoraires d'un acte ; ils ne peuvent en accorder la remise partielle qu'avec l'autorisation de la chambre de discipline.

5. Aucun honoraire n'est dû pour l'acte, la copie ou l'extrait déclarés nuls par la faute du notaire.

6. Lorsqu'un acte contient plusieurs conventions dérivant ou dépendant les unes des autres, il n'est perçu d'honoraires que sur la convention principale. — Si les conventions sont indépendantes et donnent lieu à des droits distincts d'enregistrement, l'honoraire est dû pour chacune d'elles.

7. Les actes dressés sur projets présentés par les parties donnent droit aux mêmes honoraires que s'ils sont rédigés par le notaire lui-même.

8. Les notaires doivent réclamer la consignation des

frais qu'ils auront à débourser pour les actes qu'ils sont chargés de dresser.

9. Avant tout règlement, les parties peuvent réclamer le compte détaillé des sommes dont elles sont redevables. — Ce compte est établi sur deux colonnes, l'une destinée aux déboursés et l'autre aux honoraires. Il n'est délivré qu'une fois.

10. Le concours d'un second notaire à un même acte n'en augmente pas l'honoraire. Toutefois, si l'acte est rétribué par vacations, il est dû des vacations à chaque notaire instrumentant.

11. Il est interdit aux notaires de partager leurs honoraires avec un tiers. — Entre notaires, si le règlement intérieur de la compagnie n'en dispose autrement, le partage se fait de la manière suivante : le notaire qui garde la minute a droit à la moitié de l'honoraire et le notaire en second à l'autre moitié ; les droits de rôles appartiennent exclusivement au notaire détenteur de la minute.

12. Le notaire constitué dépositaire des minutes d'une étude vacante par décès a droit à la moitié de tous les honoraires d'actes ou d'expéditions. L'autre moitié revient aux représentants du notaire décédé, qui sont tenus de supporter les frais d'étude. — En cas de démission, suspension ou destitution, le notaire commis a droit à tous les produits nets de l'office.

13. Il est alloué aux notaires, suivant la nature des actes compris dans le tarif, des honoraires fixes ou gradués, des honoraires proportionnels, des vacations ou des honoraires par rôles de minute. — En outre, il leur est alloué des droits de rôles pour les expéditions qui leur sont réclamées.

(Seine, seulement). Toutefois pour les actes rémunérés par un honoraire proportionnel, le droit de rôle n'est pas dû sur la première expédition requise.

14. L'honoraire proportionnel est perçu sur le capital énoncé dans les actes. Lorsqu'il porte sur des sommes excédant 100 francs, le calcul se fait sans fraction et par somme ronde de 20 francs en 20 francs.

15. Dans les contrats ayant pour objet des prestations en nature, l'honoraire est calculé d'après l'évaluation faite pour la perception du droit d'enregistrement. — Lorsque la valeur de l'immeuble n'est pas exprimée dans l'acte, elle est obtenue en multipliant le revenu annuel par 25 pour les immeubles ruraux, et par 20 pour les immeubles urbains.

16. L'usufruit et la nue propriété sont respectivement évalués à la moitié de la valeur de la propriété. — Toutefois, la donation avec réserve d'usufruit au profit du donateur donne droit au même honoraire que celle qui porte sur la propriété.

17. L'honoraire alloué à l'occasion d'un testament ou de dispositions dont l'exécution est subordonnée au décès est calculé sur l'actif net que reçoit le bénéficiaire. — Si celui-ci a droit à une réserve, il n'est rien dû sur ce qu'il recueille à ce titre.

18. L'honoraire n'est perçu qu'une fois sur les valeurs qui figurent dans plusieurs opérations successives comprises dans un même acte de liquidation.

19. Pour les actes relatifs à des biens ou droits dont la valeur n'excède pas 500 francs, quelle que soit la longueur de l'expédition, le notaire ne peut avoir droit qu'à l'émolument de deux rôles.

20. Il est alloué aux notaires par vacation de trois heures 8 francs au chef-lieu de la cour d'appel et dans les villes dont la population excède 30,000 âmes ; 6 francs partout ailleurs ; — La première vacation commencée est due en entier. Les autres se payent en proportion du temps écoulé. Les actes rétribués par vacations constatent l'heure du commencement et celle de la fin des opérations ainsi que les interruptions. Dans les cas où il est dû des frais de voyage, le temps employé au voyage ne compte pas dans le calcul des vacations.

21. L'honoraire par rôle de minute est de 5 francs par rôle de trente-cinq lignes à la page et de vingt syllabes à la ligne. — Toutefois, pour les cahiers des charges de vente judiciaire, il est seulement de 3 francs par rôle. — Les honoraires par rôle de copie de vingt-cinq lignes à la page et de quinze syllabes à la ligne, sont fixés à 3 francs pour les expéditions et les grosses au chef-lieu de la cour d'appel et dans les villes dont la population excède 30,000 âmes ; à 2 francs partout ailleurs ; — A 3 francs pour les extraits analytiques ; — A 75 centimes pour les expéditions dont le coût est à la charge de l'Etat, des établissements de bienfaisance et d'assistance et des bénéficiaires de la loi sur les habitations à bon marché ; — Et à 50 centimes pour les expéditions dont le coût est à la charge de l'administration de l'enregistrement. — Les copies collationnées donnent lieu à un droit fixe de 5 francs en sus des droits de rôles. — Le rôle commencé est dû en entier, s'il est seul ; par fractions non inférieures à la moitié, s'il y a plusieurs rôles.

22. Lorsque le notaire est obligé de se transporter dans une localité éloignée de plus de deux kilomètres de sa résidence, il perçoit pour frais de voyage, par kilomètre parcouru en allant et en revenant : — 1° 20 centimes si le transport a été effectué en chemin de fer ; — 2° 40 centimes si le transport a eu lieu autrement ; si le déplacement exige plus d'une journée, il est alloué, en outre, 10 francs par journée. — Tout voyage requis la nuit est payé double. — Il n'est alloué qu'un seul droit de transport pour la totalité des actes que le notaire aura faits dans un même déplacement.

23. Tous actes quelle que soit leur nature, ayant pour objet le mariage des indigents, le retrait de leurs enfants des hospices et la reconnaissance de leurs enfants naturels, sont reçus gratuitement par les notaires sur la production par les parties intéressées du certificat prévu par l'article 6 de la loi du 10 décembre 1850. La gratuité s'applique même aux frais de voyage. Il en est de même des actes reçus dans l'intérêt des personnes qui ont obtenu le bénéfice de l'assistance judiciàire, lorsqu'ils sont passés à l'occasion ou en exécution des instances dans lesquelles elles ont figuré, mais seulement dans le cas où ils doivent être visés pour timbre et enregistrés en débet. Lorsqu'il s'agit des actes compris au paragraphe précédent, les honoraires des notaires peuvent être recouvrés ultérieurement dans les conditions et les formes prévues par la loi du 22 janvier 1851.

24. Les notaires doivent tenir dans leur étude, à la disposition de toute personne qui en fera la demande, un exemplaire du tarif fixant leurs honoraires.

TARIFS

Il existe un tarif par ressort de Cour d'Appel, plus un spécial au département de la Seine, soit en totalité 27, savoir :

AGEN, pour Gers, Lot, Lot-et-Garonne.
AIX, pour Basses-Alpes, Alpes-Maritimes, Bouches-du-Rhône, Var.
AMIENS, pour Aisne, Oise, Somme.
ANGERS, pour Maine-et-Loire, Mayenne, Sarthe.
BASTIA, pour Corse.
BESANÇON, pour Doubs, Jura, Haut-Rhin, Haute-Saône.
BORDEAUX, pour Charente, Dordogne, Gironde.
BOURGES, pour Cher, Indre, Nièvre.
CAEN, pour Calvados, Manche, Orne.
CHAMBÉRY, pour Savoie, Haute-Savoie.
DIJON, pour Côte-d'Or, Haute-Saône, Saône-et-Loire.
DOUAI, pour Nord, Pas-de-Calais.
GRENOBLE, pour Hautes-Alpes, Drôme, Isère.
LIMOGES, pour Corrèze, Creuse, Haute-Vienne.
LYON, pour Ain, Loire, Rhône.
MONTPELLIER, pour Aude, Aveyron, Hérault, Pyrénées-Orientales.
NANCY, pour Ardennes, Meurthe-et-Moselle, Meuse, Vosges.
NIMES, pour Ardèche, Gard, Lozère, Vaucluse.
ORLÉANS, pour Indre-et-Loire, Loiret, Loir-et-Cher.
PARIS, pour Aube, Eure-et-Loir, Marne, Seine-et-Marne, Seine-et-Oise, Yonne.
PAU, pour Landes, Basses-Pyrénées, Hautes-Pyrénées.
POITIERS, pour Charente-Inférieure, Deux-Sèvres, Vendée, Vienne.
RENNES, pour Côtes-du-Nord, Finistère, Ille-et-Vilaine, Loire-Inférieure, Morbihan.

RIOM, pour Allier, Cantal, Haute-Loire, Puy-de-Dôme.
ROUEN, pour Eure, Seine-Inférieure.
SEINE, pour Paris et le département.
TOULOUSE, pour Ariège, Haute-Garonne, Tarn, Tarn-et-Garonne.

Ce qui suit résume les 27 tarifs comparés :

Abandon de biens par un débiteur. (V. cession de biens).

Abandon de biens par un héritier bénéficiaire.

Moitié des honoraires perçus en matière de vente. Minimum 5 fr , sauf Seine.

Abandon des biens d'une substitution.

A titre honéreux : Honoraires comme en matière de vente.

A titre gratuit : Moitié des honoraires perçus en matière de dona-tion.

Minimum : Agen, Besançon, Seine, pas de minimum ; Limoges, Lyon, Montpellier, Nîmes, Paris, 5 fr. ; ailleurs, 6 fr.

Abandon d'immeubles grevés de servitude.

Unilatéral : Aix, Caen, Chambéry, Grenoble, Lyon, Nîmes, Orléans : 5 fr. ; Riom, 8 fr. ; Seine, 9 fr. : ailleurs, 6 fr.

Conventionnel : Honoraires comme en matière de vente.

Minimum : Agen, Amiens, Angers : 6 fr. ; Seine, pas de mini-mum ; autres ressorts, 5 fr.

Abandon de mitoyenneté. (V. mitoyenneté).

Abandon de quotité disponible (Par acte séparé).

Unilatéral : Riom, Toulouse : 8 fr. ; Seine : 9 fr. ; ailleurs, 6 fr.

Accepté : Honoraires comme en matière de délivrance de legs.

Acceptation d'abandon (Par acte séparé).

Poitiers, 4 fr. en brevet ou minute ; Toulouse, 4 fr. en brevet, 8 fr. en minute ; Seine : 4 fr. 50 en brevet, 9 fr. en minute ; autres tarifs, 4 fr. en brevet, 6 fr. en minute.

Et 2 fr. en plus par chaque créancier intervenant dans le même acte, en sus du premier.

Acceptation de cession, de communauté, de délégation, de legs, de nantissement, de succession, etc. (Par acte séparé).

Toulouse : 4 fr. en brevet, 8 fr. en minute ; Seine : 4 fr. 50 en brevet, 9 fr. en minute ; autres tarifs : 4 fr. en brevet, 6 fr. en minute.

Acceptation de donation. (V. Donation).

Acceptation de lettre de change ou autre valeur commerciale.

Agen, Amiens, Bastia, Besançon, Bordeaux, Bourges, Caen, Dijon, Douai, Lyon, Montpellier, Orléans, Paris, Pau, Riom, Rouen : 4 fr.

Aix, Chambéry, Grenoble, Nîmes, Rennes : 6 fr.

Poitiers, Toulouse, 0,125 %.

Angers, Limoges, Nancy, Seine, 25 cent. %.

Minimum : Angers, Nancy, Poitiers, 2 fr. ; Limoges, Toulouse, 3 fr.

Acceptation d'emploi. (Par acte séparé).

(*a*) Emploi ou remploi fait au moyen d'un achat ou d'un placement ayant donné lieu à un honoraire proportionnel dans l'étude : Pau, Riom, Toulouse : 8 fr. ; Seine : 9 fr. ; ailleurs, 6 fr.

(*b*) Dans le cas contraire : Seine : 25 cent. o/o de 1 à 800,000 fr. ; 0,125 o/o au-dessus ; autres tarifs, 25 cent. o/o.

Minimum : Poitiers : 4 fr. ; Agen, Amiens, Bastia, Bourges, Caen, Dijon, Douai, Limoges, Montpellier, Nancy, Nîmes, Orléans, Paris, Pau, Riom, Rouen : 5 fr. ; Aix, Angers, Besançon, Bordeaux, Chambéry, Grenoble, Lyon, Rennes : 6 fr. ; Toulouse, 8 fr.; Seine, pas de minimum.

Acquiescement pur et simple (par acte séparé).

Toulouse : 4 fr. en brevet, 8 fr. en minute ; Seine : 4 fr. 50 en brevet, 9 fr. en minute ; ailleurs, 4 fr. en brevet, 6 fr. en minute.

Et, en plus, 2 fr. par chaque partie, en sus de la première, ayant un intérêt distinct et intervenant dans l'acte.

Acte complémentaire, interprétatif, rectificatif.

Honoraires par rôles de minute.

Acte de dépôt, voir dépôt.

Acte de notoriété, v. notoriété.

Acte imparfait.

Honoraires par rôles de minute.

Acte respectueux.

Réquisition : 8 fr. ; sauf Seine : 9 fr. ; Notification : 16 fr. Non compris les rôles de copies.

(*Maintenant : acte notificatif de mariage projeté*).

Adhésion pure et simple (par acte séparé).

Toulouse : 4 fr. en brevet, 8 fr. en minute ; Seine : 4 fr. 50 en brevet, 9 fr. en minute ; autres tarifs, 4 fr. en brevet, 6 fr. en minute.

Et, en plus, 2 fr. par chaque partie en sus de la première, ayant un intérêt distinct et intervenant dans l'acte.

Adjudication. — *Voy.* **Bail, Vente.**

Adoption testamentaire (au décès de l'adoptant).

I. *Si le testament est authentique ou mystique :*

Bastia : 1 o/o de 1 à 10,000 fr. ; 75 cent. o/o de 10,000 à 20,000 fr. : 50 cent. o/o de 20,000 à 50,000 fr. : 25 cent o/o au-dessus. Douai : 1 o/o de 1 à 50,000 fr. ; 50 cent. o/o de 50,000 à 100,000 fr. ; 25 cent. o/o au-dessus. Caen, Orléans : 1 o/o de 1 à 50,000 fr. ; 50 cent. o/o de 50,000 à 200,000 fr. ; 25 cent. o/o au-dessus. Riom : 1 o/o de 1 à 50,000 fr. ; 75 cent. o/o de 50,000 à 100,000 fr. ; 50 c. o/o de 100,000 à

300,000 fr.; 25 cent. au-dessus. Angers : 1 % de 1 à 50,000 fr.;
50 cent. % de 50,000 à 500,000 fr.; 25 cent. % au-dessus. Amiens,
Besançon, Dijon, Montpellier : 1 % de 1 à 100,000 fr. ; 50 cent. %
de 100,000 à 300,000 fr.; 25 cent. % au-dessus. Aix, Bourges, Chambéry, Grenoble, Limoges, Nîmes, Pau, Poitiers, Rouen : 1 % de 1 à
100,000 fr.; 50 cent. % de 100,000 à 500,000 fr.; 25 cent. % au-dessus.
Agen, Bordeaux, Nancy, Paris, Rennes, Toulouse : 1 % de
1 à 200,000 fr.; 50 cent. % de 200,000 à 500,000 fr.; 25 cent. % au-
dessus. Lyon : 1 % de 1 à 300,000 fr.; 50 cent. % de 300,000 à
600,000 fr.; 25 cent. % au-dessus. Seine : 50 cent. % jusqu'à 1 million de francs ; 25 cent. % de 1 à 3 millions de francs ; 0,125 %
au-dessus.

Sans préjudice du droit fixe dû à l'occasion de la rédaction du
testament.

II. *Si le testament est olographe :* Moitié des honoraires ci-dessus.
Minimum : Paris : 5 fr.; Agen, Angers, Bastia, Besançon, Bourges,
Caen, Dijon, Douai, Montpellier, Nîmes, Orléans, Pau, Poitiers,
Riom, Rouen, 6 fr.; Aix : 8 fr.; Amiens : 10 fr.; Limoges, Lyon :
12 fr. Pas de minimum à Bordeaux, Chambéry, Grenoble, Lyon,
Nancy, Rennes, Toulouse.

Affectation hypothécaire.

I. *Par acte séparé :* tous tarifs moins Seine : 6 fr., si l'acte primitif
est en l'étude ; au cas contraire, moitié de l'honoraire de l'acte
principal sans pouvoir dépasser 25 cent. % pour les baux et 50 cent. %
pour les autres actes ; Seine, pas de droit fixe ; dans tous les cas,
moitié de l'honoraire de l'acte principal comme ci-dessus.

II. *Par un tiers dans l'acte principal :* Seine, néant; autres tarifs
moitié des honoraires ci-dessus.

Minimum : Bordeaux : 4 fr.; Limoges : 4 fr. (5 fr. par acte
séparé); Nancy, Rennes, Toulouse : 5 fr.; Bastia; Bourges, Montpellier, Paris : 5 fr. (6 fr. par acte séparé); autres tarifs, 6 fr.

III. *Constitution d'hypothèque maritime :* Poitiers : 25 cent. %;
Minimum : 6 fr.; autres tarifs, non prévu.

Affiches et insertions.

Affiches manuscrites : 50 cent. par affiche ; Affiches imprimées :
6 fr. pour droit de rédaction.

Insertions, quelque soit le nombre de journaux : 6 fr. pour rédaction.

Seine : les honoraires sont compris dans ceux de vente.

Affrètement.

Caen : 20 cent. %; Agen, Aix, Angers, Bastia, Dijon, Douai,
Nancy, Orléans, Paris, Rennes, Riom, Rouen, Seine, Toulouse :
25 cent. %; Besançon : 30 cent. %; Lyon : 40 cent. % de 1 à

10,000 fr. ; 25 cent. º/o au-dessus ; Bordeaux, Limoges, Pau, Poitiers :
50 cent. º/o ; Bourges, Chambéry, Grenoble : 50 cent. º/o de 1 à
5,000 fr. ; 25 cent. º/o au-dessus ; Nîmes : 50 cent. º/o de 1 à 25,000 fr. ;
25 cent. º/o au-dessus ; Montpellier : 50 cent. º/o de 1 à 50,000 fr. ;
25 cent. º/o au-dessus ; Amiens : 50 cent. º/o de 1 à 100,000 fr. ;
25 º/o au-dessus.

Minimum : Bordeaux, Douai : 4 fr. ; Agen, Amiens, Angers, Bastia,
Bourges, Dijon, Limoges, Montpellier, Orléans, Paris, Rennes, Riom,
Rouen, Toulouse : 5 fr. ; Aix, Besançon, Caen, Chambéry, Gre-
noble, Lyon, Nancy, Nîmes, Pau, Poitiers : 6 fr. ; Seine, non prévu.

Ampliation.

Seine : 9 fr. ; ailleurs, 8 fr.

Antériorité (Consentement à).

Orléans : 5 fr. ; Amiens, Montpellier, Rouen 6 fr. ; Angers, Caen :
10 cent. º/o ; Bordeaux, Bourges, Dijon, Douai, Paris, Pau, Seine :
25 cent. º/o ; Besançon : 25 cent. º/o de 1 à 100,000 fr. ; 0,125 º/o au-
dessus ; Agen, Aix, Limoges, Lyon, Nancy, Nîmes, Poitiers, Rennes,
Riom, Toulouse : 50 cent. º/o ; Bastia : 50 cent. º/o de 1 à 10,000 fr. ;
25 cent. º/o au-dessus ; Chambéry, Grenoble : 50 cent. º/o de 1 à
50,000 fr. ; 25 cent. º/o au-dessus. Sur la somme profitant d'une
façon effective de l'antériorité.

Minimum : Bastia, Nancy, Paris, Rennes, Toulouse, 5 fr. ; Lyon,
Seine, pas de minimum ; autres tarifs, 6 fr.

Antichrèse (par acte séparé).

Poitiers : 50 cent. º/o sur le montant de la créance garantie ;
autres tarifs honoraires comme affectation hypothécaire.

Minimum : Rennes : 5 fr. ; Aix, Caen, Nîmes, Orléans, Poitiers :
6 fr. Les autres cours, pas de minimum.

Apprentissage.

Tous les tarifs, 2 fr.

Arbitres et experts (Nomination d').

Honoraires par rôles de minute.

Arrêté de compte de tutelle (V. compte).

Assurance (Contrat d').

10 cent. º/o sur le montant de la valeur assurée.

Minimum : Bourges : 4 fr. : Nancy, Paris, Toulouse : 5 fr. ; autres
tarifs, 6 fr.

Autorisation.

Seine : 4 fr. 50 en brevet, 9 fr. en minute ; autres tarifs, 4 fr.
en brevet, 6 fr. en minute.

Autorisation pour faire le commerce.

Poitiers : 4 fr. en brevet, 6 fr. en minute ; Seine, 4 fr. 50 en brevet,
9 fr. en minute ; autres tarifs, 6 fr. en brevet, 8 fr. en minute.

Aval.

Poitiers, Toulouse : 0,125 % ; Agen : 30 cent. % ; autres tarifs, 25 cent. %.

Minimum : Agen, Toulouse : 3 fr. ; ailleurs, 2 fr.

Bail de gré à gré.

1° *Bail à ferme* : Angers, Caen : 20 cent. % ; Aix, Bastia, Douai, Nancy, Orléans, Paris, Poitiers, Rennes, Rouen : 25 cent. % ; Besançon, Dijon : 30 cent. % ; Pau : 40 cent. % ; Lyon, Riom : 40 cent. % de 1 à 10.000 fr. ; 25 cent. % au-dessus ; Amiens : 40 cent. % de 1 à 50.000 fr. ; 25 cent. % au-dessus ; Agen, Bordeaux, Toulouse : 50 cent. % ; Bourges, Chambéry, Grenoble : 50 cent. % de 1 à 5.000 fr. ; 25 cent. % au-dessus ; Limoges : 50 cent. % de 1 à 15.000 fr, ; 25 cent. % au-dessus ; Montpellier : 50 cent. % de 1 à 50.000 fr. ; 25 cent. % au-dessus ; Nîmes : 60 cent. % de 1 à 5.000 fr. ; 50 cent. % de 5.000 à 25.000 fr. ; 25 cent. % au-dessus ; sur le prix total des années du bail, augmenté des charges ; Seine : 25 cent. % sur les loyers cumulés des neuf premières années ; 0,125 % sur les loyers cumulés des années suivantes.

2° *Bail à loyer* : Bordeaux : 33 c. % sur le prix total des années du bail, augmenté des charges ; tous autres ressorts même tarit que le bail à ferme.

3° *Bail à nourriture* : Amiens : 1 % de 1 à 100.000 fr. ; 50 cent. % de 100.000 à 300.000 fr. ; 25 cent. % au-dessus ; Nancy : 50 cent. % ; sur le prix total des années du bail, augmenté des charges, et sur dix années au maximum ; autres ressorts, même honoraires que pour le bail à ferme.

4° *Bail à pâturage* : Même tarif que le bail à ferme sur le prix total des années de bail, augmenté des charges.

5° *Bail à colonage* : Bastia, Douai, Nancy, Paris, Rennes, Rouen : 25 cent. % ; Angers, Besançon, Caen, Dijon : 30 cent. % ; Orléans : 0,375 % ; Pau, Poitiers ; 40 cent. % : Lyon : 40 cent. % de 1 à 10.000 fr. ; 25 cent. % au-dessus ; Amiens : 40 cent. % de 1 à 50,000 fr. ; 25 cent. au-dessus ; Agen, Bordeaux, Toulouse : 50 cent. % ; Chambéry, Grenoble : 50 cent. % de 1 à 5,000 fr. ; 25 cent. % au-dessus ; Limoges : 50 cent. % de 1 à 15,000 fr. ; 25 % au-dessus ; Montpellier : 50 cent. % de 1 à 50,000 fr. ; 25 cent. % au-dessus ; Nimes : 60 cent. % de 1 à 5,000 fr. ; 50 cent. % de 5,000 à 25,000 fr. ; 25 cent. % au-dessus ; Bourges : un an : 1 % ; au-delà ; 50 cent. % de 1 à 5,000 fr. ; 25 cent. % au-dessus ; Riom, bail d'un an : 1 % de 1 à 10,000 fr. ; 50 cent. % au-dessus ; bail de deux ans, 50 cent. % de 1 à 10,000 fr. ; 25 cent. % au-dessus ; bail de 3 ans et au-delà : 40 cent. % de 1 à 10,000 fr. ; 25 cent. % au-dessus. Sur l'évaluation de la part totale des fruits revenant au propriétaire.

6° *Bail à cheptel* : Angers, Caen : 20 cent. % ; Bastia, Douai, Nancy,

Orléans, Paris, Poitiers, Rennes, Rouen : 25 cent. º/o ; Besançon, Dijon ; 30 cent. º/o ; Pau ; 40 º/o : Lyon, Riom : 40 cent. º/o de 1 à 10,000 fr. ; 25 cent. º/o au-dessus ; Amiens : 40 cent. º/o, de 1 à 50,000 fr. ; 25 cent. º/o au-dessus ; Agen, Bourges : 50 cent. º/o Chambéry, Grenoble : 50 cent. º/o de 1 à 5,000 fr. ; 25 cent. º/o au-dessus ; Montpellier : 50 cent º/o de 1 à 50,000 fr. ; 25 cent. º/o au-dessus ; Nimes : 60 cent. º/o de 1 à 5,000 fr. ; 50 cent. º/o de 5,000 à 25,000 fr., 25 cent. º/o au-dessus ; Bordeaux, Limoges, Toulouse : 1 º/o. Sur l'évaluation de la part totale du croît revenant au propriétaire.

7º *Bail à vie* : Douai : 25 cent. º/o Agen ; Aix, Bordeaux, Montpellier, Nancy : 50 cent. º/o ; Bourges : 50 cent. º/o de 1 à 5,000 fr. . 25 cent. º/o au-dessus ; Nîmes : 60 cent. º/o de 1 à 5,000 fr. ; 50 cent; de 5,000 à 25,000 fr ; 25 cent. º/o au-dessus ; Angers, Bastia, Besançon, Caen, Dijon, Limoges, Lyon, Orléans, Paris, Poitiers, Rennes, Rouen, Seine, Toulouse : 1 º/o ; Riom : 1 º/o de 1 à 50,000 fr. ; 50 cent. º/o au-dessus ; Amiens, Chambéry, Grenoble : 1 º/o de 1 à 100,000 fr. ; 50 cent. º/o de 100,000 à 300,000 fr. ; 25 cent. º/o au-dessus ; Pau, 1 º/o de 1 à 100,000 fr. ; 50 cent. º/o de 100,000 à 500,000 fr. ; 25 cent. º/o au-des sus. Sur le capital formé de dix fois la redevance.

8º *Bail à durée illimitée, emphytéotique* : Agen, Aix, Angers, Bastia, Besançon, Bordeaux, Caen, Dijon, Douai, Limoges, Lyon, Orléans, Paris, Poitiers, Rennes, Seine, Toulouse : 1 º/o ; Bourges : 50 cent. º/o de 1 à 5,000 fr. ; 25 cent. º/o au-dessus ; Nîmes, Riom ; 1 º/o de 1 à 50,000 fr. ; 50 cent. º/o au-dessus ; Rouen : 1 º/o de 1 à 100,000 fr. ; 50 cent. º/o au-dessus ; Amiens, Chambéry, Grenoble, Montpellier, Nancy : 1 º/o de 1 à 100,000 ; 50 cent. º/o de 100,000 à 300,000 fr. ; 25 cent. º/o au-dessus ; Pau : 1 º/o de 1 à 100,000 fr. ; 50 cent. º/o de 100,000 à 500,000 fr. ; 25 cent. º/o au-dessus. Sur le capital formé de vingt fois la redevance annuelle.

9º *Bail de carrière* : Chambéry, Grenoble : Honoraires comme pour vente de meubles.

Minimum applicable à tous les baux : Bordeaux, Douai, Nancy : 4 fr. ; Aix, Amiens, Besançon, Lyon, Nîmes, Riom : 6 fr. ; autres tarifs, 5 fr., excepté Limoges, sur bail à colonage, 10 fr.

Bail par adjudication (Cahier des charges compris).

Dijon, Limoges, Lyon : Un quart en sus des honoraires du bail de gré à gré ; Angers, Bordeaux, Caen, Nîmes, Pau, Poitiers : Moitié en sus des honoraires du bail de gré à gré ; Rennes : 40 cent. º/o ; Besançon, Orléans, Paris, Rouen, Toulouse : 50 cent. º/o ; Douai : 50 cent. º/o ; emphytéotique : 2 º/o sur le capital formé de vingt fois la redevance annuelle ; Bastia : 50 cent. º/o de 1 à 5,000 fr.; 25 cent. º/o au-dessus ; Montpellier : 50 cent. º/o de 1 à 50,000 fr.; 25 cent. º/o au-dessus : Riom : 60 cent. º/o de 1 à 10,000 fr. :

40 cent. % au-dessus ; Aix : 75 cent. % de 1 à 10,000 fr. ;
50 cent. % au-dessus ; Bourges : 75 cent. % de 1 à 5,000 fr. ; 0 fr. 375
% au-dessus ; Nancy. Bail en bloc : 75 cent. % de 1 à 10,000 fr. ; 50
cent. % au-dessus. En détail : 2 % sur la première année ; 1 % au
delà ; Agen : 1 % ; Chambéry, Grenoble : 1 % de 1 à 50,000 fr. ; 50
cent. % au-dessus ; Amiens : 1,50 % de 1 à 10,000 fr. ; 75 cent. % de
10,000 à 50,000 fr. ; 50 cent. % au-dessus.

Seine, 50 cent. % sur les loyers cumulés des neuf premières
années ; 25 cent. % sur les loyers cumulés des années suivantes.

Minimum : Angers, Limoges : 15 fr. ; autres ressorts, 8 fr.

Bail ou louage d'ouvrage et d'industrie.

Caen : 20 cent. % ; Aix, Angers, Bastia, Douai, Orléans, Paris,
Rennes, Rouen : 25 cent. % ; Besançon, Dijon : 30 cent. % ; Pau :
40 cent. % ; Lyon, Riom : 40 cent. % de 1 à 10,000 fr. ; 25 cent. %
au-dessus ; Amiens : 40 cent. % de 1 à 50,000 fr. ; 25 cent. % au-dessus ; Agen, Bordeaux, Limoges, Toulouse : 50 cent. % ; Bourges,
Chambéry, Grenoble, Poitiers : 50 cent. % de 1 à 5,000 fr. ; 25 cent.
% au-dessus ; Montpellier, Nancy : 50 cent. % de 1 à 50.000 fr. ; 25
cent. % au-dessus ; Nîmes : 60 cent. % de 1 à 5,000 fr. ; 50 cent. %
de 5,000 à 25,000 fr. ; 25 cent. % au-dessus ; Seine : 1 %.

Minimum : Bastia : 3 fr. ; Douai ; 4 fr. : Aix, Amiens, Angers,
Besançon, Lyon, Nîmes, Riom, Toulouse : 6 fr. ; Rennes : 8 fr. ;
autres tarifs : 5 fr.

Bail à domaine congéable.

Rennes seulement : 1° *Avec superficies.* Sur les superficies : 1 % ;
sur les rentes et charges : 25 cent. % ; 2° *Sans superficies* : 50
cent. % ; *Minimum* : 6 fr.

Billet simple, à ordre, au porteur.

Seine : 25 cent. % ; Aix, Angers, Besançon, Bordeaux, Bourges,
Caen, Chambéry, Dijon, Douai, Grenoble, Limoges, Lyon, Nancy,
Nîmes, Orléans, Paris, Pau, Poitiers, Rennes, Toulouse ; 50 cent. % ;
Bastia : 50 cent. % de 1 à 20,000 fr. ; 25 cent. % de 20,000 à 50,000 fr. ;
0 fr. 125 % au-dessus ; Riom : 50 cent. % de 1 à 50,000 fr. ; 25 cent. %
de 50,000 à 100,000 fr. ; 0 fr. 125 % au-dessus ; Amiens, Montpellier,
Rouen : 50 cent. % de 1 à 100,000 fr. ; 25 cent. % au-dessus ; Agen :
60 cent. %.

Minimum : Amiens, Dijon, 2 fr. ; Aix, Chambéry, Grenoble, Lyon,
Montpellier, Paris, Rennes : 4 fr. ; autres tarifs, 3 fr.

Bordereau d'inscription (Rédaction de).

Angers, Bordeaux, Pau : 5 cent. % ; Orléans, Paris, Riom ; 10
cent. % de 1 à 20,000 fr. ; 5 cent. % au-dessus ; autres tarifs 10
cent. %.

Minimum : Agen, Aix, Besançon : 5 fr. ; autres tarifs, 4 fr.

Si l'hypothèque doit être inscrite dans plusieurs arrondissements: 4 fr. par bureau, en sus du premier.

Seine. Lorsque le bordereau d'inscription est dressé en exécution immédiate d'un acte reçu par le notaire : rôles de minute ; dans tous les autres cas 10 cent. %. Si l'hypothèque doit être inscrite dans plusieurs arrondissements : rôles de minute sur le double envoyé à chaque bureau en sus du premier.

Bordereau en renouvellement d'inscription.

Orléans, Paris, Riom : 10 cent. % de 1 à 20,000 fr.; 5 cent. % au-dessus; Angers : 25 cent. % de 1 à 10,000 fr.; 10 cent. % au-dessus; autres tarifs, 10 cent. %.

Minimum : Agen, Aix, Besançon : 5 fr.; autres tarifs, 4 fr.

Si l'hypothèque doit être inscrite dans plusieurs arrondissements ; 4 fr. par bureau, en sus du premier.

Seine : 10 cent. %. Si l'hypothèque doit être inscrite dans plusieurs arrondissements : rôles de minute sur le double envoyé à chaque bureau en sus du premier.

Bornage (Procès-verbal de).

Honoraires par rôle de minute.

Cahier des charges.

A. *Pour vente immobilière* : Honoraires par rôles de minute : de 3 fr. si la vente est judiciaire; de 5 fr. si la vente est volontaire. Dans ce dernier cas, l'honoraire n'est dû que si la tentative d'adjudication reste sans effet.

Seine. En matière d'adjudication volontaire d'immeubles à la chambre des notaires, il n'est jamais dû d'honoraires pour le cahier des charges.

B. *Pour vente mobilière ;* Honoraire de 5 fr. par rôle de minute. L'honoraire n'est dû que dans le cas où il n'y a pas d'adjudication.

Carence (Procès-verbal de).

Honoraires par vacation.

Cautionnement.

A. *Par acte séparé* : Moitié de l'honoraire de l'acte principal, sans pouvoir excéder 25 cent. %; pour les beaux et 50 cent. % pour les autres actes.

Minimum : Angers, Bordeaux, Caen, Chambéry, Grenoble, Limoges, Nancy : 4 fr.; Agen, Besançon, Lyon, Nîmes, Riom : 6 fr.; autres tarifs, 5 fr.

B. *Dans l'acte contenant l'engagement principal* : Un quart de l'honoraire de l'acte principal, sans pouvoir excéder 25 cent. %; sauf Seine : pas d'honoraires.

Minimum : Limoges : 3 fr.; Bourges : 5 fr.; Lyon, Nîmes, Riom : 6 fr., autres tarifs, 4 fr.

Certificat de caution (par acte séparé).

Amiens, Angers, Bastia, Besançon, Bordeaux, Bourges, Limoges, Orléans, Paris, Pau, Poitiers, Rennes, Riom, Rouen, Toulouse : 4 fr. en brevet, 6 fr. en minute ; Caen : 4 fr. en brevet, 8 fr. en minute ; Seine, 4 fr. 50 en brevet, 9 fr. en minute ; autres ressorts : 6 fr., en brevet, 8 fr., en minute.

Certificat de propriété.

A. Délivré pour l'exécution d'un acte contenant partage ou mutation de propriété, sur lequel un honoraire proportionnel a été perçu dans la même étude : Seine 9 fr. et 6 fr., en sus pour chacun des notaires ayant concouru au certificat de propriété ; tous autres tarifs, 4 fr.

B. Au cas contraire : Seine : 25 c. º/o de 1 à 800.000 fr., 0 fr. 125 º/o au-dessus ; 6 fr. en sus pour chacun des notaires ayant concouru au certificat de propriété ; autres tarifs, 25 cent. º/o.

Minimum : Bastia : 3 fr. ; Besançon, Bordeaux, Bourges, Caen, Nancy, Orléans, Poitiers 4 fr. ; Aix, Limoges, Paris, Rennes, Riom, Toulouse : 5 fr, ; autres tarifs : 6 fr.

Certificat de vie.

A. Délivré dans la forme notariée; Orléans : 2 fr. ; Bastia, Bordeaux, Chambéry, Dijon, Douai, Grenoble, Lyon, Riom, Rouen : 3 fr. ; Seine : 4 fr. 50 ; Toulouse : 5 fr. ; ailleurs ; 4 fr.

B. Délivrés aux pensionnaires et rentiers de l'Etat : pour chaque terme à percevoir de 600 fr et au-dessus 50 cent. : de 600 à 301 fr. : 35 cent. ; de 300 à 101 fr. : 25 cent. ; de 100 à 50 fr. : 20 cent. ; au-dessous de 50 fr., néant. (Décr. 9 novembre 1853, art. 46 ; 2 août 1860, art. 3).

En ce qui concerne les pensions de 200 fr. et au-dessus, dont les certificats se délivrent sur papier non timbré, il est dû au notaire 5 cent. comme remboursement du prix du papier (Inst. min. fin. 27 juin 1839, art. 9).

Cession de bail.

Honoraires comme en matière de bail, sur les années restant à courir.

Cession de biens par un débiteur à ses créanciers.

Avec mutation de propriété : Amiens : 1 º/o de 1 à 50,000 fr. ; 50 cent. º/o de 50,000 à 150,000 fr. ; 25 cent. º/o au-dessus; Angers : 1 º/o de 1 à 200,000 fr. ; 50 cent. º/o de 200,000 à 500.000 fr. ; 25 cent. º/o au-dessus ; Bourges : 1 º/o de 1 à 150,000 fr. ; 50 cent. de 150,000 à 500,000 fr. : 25 cent. º/o au-dessus ; Poitiers : 1 º/o de 1 à 100,000 fr. ; 50 cent. º/o de 100,000 à 300,000 fr. ; 25 cent. º/o de 300,000 à 1 million de francs; 0 fr. 125 º/o au-dessus ; autres tarifs honoraires de vente.

Sans mutation de propriété : Seine : 50 cent. º/o de 1 à 800,000 fr. ; 25 cent. º/o de 800,000 à 1,500,000 fr. ; 0 fr. 125 º/o au-dessus ; autres tarifs moitié des honoraires de vente.

Minimum : Agen, Aix, Chambéry, Dijon, Douai, Grenoble, Nancy, Riom, Toulouse : 5 fr. ; Bastia, Caen, Montpellier, Nîmes, Paris, Rennes : 6 fr. ; Angers, Besançon, Bourges, Rouen : 8 fr. ; Amiens, Bordeaux, Limoges, Orléans, Poitiers : 10 fr. ; Lyon, Pau : 12 fr.

Cession de Créance (V. Transport).

Cession de droits successifs (V. Transport).

Cession de fonds de commerce (V. vente).

Cession d'office (V. Vente).

Codicille. — Honoraires comme en matière de testament.

Communauté d'habitation ou de travail (acte de).

Sans apports : Aix, Angers, Bastia, Bourges, Caen, Montpellier, Nancy, Orléans, Paris, Seine, Rennes, Riom, Rouen, Toulouse : Honoraires par rôle de minute. — Agen, Amiens, Bordeaux, Chambery, Dijon, Douai, Grenoble, Lyon, Nîmes, Pau, Poitiers : 6 fr. ; Besançon, Limoges : 8 fr.

Avec apports : Honoraires comme pour acte de société ; sauf Agen, Amiens, Bordeaux, Caen, Dijon, Pau, Poitiers : 25 cent. º/o ; Toulouse : 20 cent. º/o.

Minimum : Agen, Angers, Chambéry, Grenoble, Nîmes : 6 fr. ; Besançon, Limoges : 8 fr. ; ailleurs : 5 fr.

Compensation. — Honoraires comme en matière de quittance sur la somme compensée.

Compromis. — Honoraires par rôles de minute.

Compte d'administration légale, d'antichrèse, de co-propriété, d'exécution testamentaire, de gestion, de mandat, de séquestre.

Bastia : 50 cent. º/o de 1 à 20,000 fr. ; 25 cent. º/o au-dessus ; Nancy : 50 cent. º/o de 1 à 50,000 fr. ; 25 cent. º/o au-dessus ; Chambéry, Grenoble, Montpellier, Nîmes, Orléans : 50 cent. º/o de 1 à 100,000 fr. ; 25 cent. º/o au-dessus ; Paris : 50 cent. º/o de 1 à 200,000 fr. ; 25 cent. º/o au-dessus ; Bourges, Pau : 50 cent. º/o de 1 à 500,000 fr. ; 25 cent. º/o au-dessus ; Seine : 50 cent. º/o de 1 à 500,000 fr. ; 25 cent. º/o de 500,000 à 1 million de francs ; 0 fr. 125 º/o au-dessus ; Toulouse : 75 cent. º/o de 1 à 200,000 fr. ; 25 cent. º/o au-dessus ; Riom : 1 º/o de 1 à 10,000 fr. ; 50 cent. º/o de 10,000 à 50,000 fr. ; 25 cent. º/o au-dessus ; Douai : 1 º/o de 1 à 10,000 fr. ; 50 cent. º/o de 10,000 à 100,000 fr. ; 25 cent. º/o au-dessus ; Caen, Dijon, Limoges, Poitiers : 1 º/o de 1 à 20,000 fr. ; 50 cent. º/o de 20,000 à 100,000 fr. ; 25 cent. º/o au-dessus ; Angers : 1 º/o de 1 à 25,000 fr. ; 50 cent. º/o de 25,000 à 500,000 fr. ; 25 cent. º/o au-dessus ; Besançon : 1 º/o de

1 à 25,000 fr. ; 75 cent. % de 25,000 à 50,000 fr. ; 50 cent. % de 50,000 à 100,000 fr. ; 25 cent. % au-dessus ; Rennes: 1 % de 1 à 25,000 fr. ; 50 cent. % de 25.000 fr. à 150,000 fr. ; 25 cent. % au-dessus ; Agen : 1 % de 1 à 25,000 fr. ; 50 cent. % de 25,000 à 300,000 fr. ; 25 cent. % au-dessus ; Aix, Rouen : 1 % de 1 à 50,000 fr. ; 50 cent. % de 50,000 à 200,000 fr. ; 25 cent % au-dessus ; Amiens : 1 % de 1 à 50,000 fr. ; 50 cent. % de 50,000 à 300,000 fr. ; 25 cent. % au-dessus ; Bordeaux : 1 % de 1 à 100,000 fr. ; 50 cent. % de 100,000 à 200,000 fr. ; 25 cent. % au-dessus ; Lyon : 1 % de 1 à 100,000 fr. ; 50 cent % de 100,000 à 300,000 fr. ; 25 cent. % au-dessus ; Sur le chapitre le plus élevé en recettes ou en dépenses. Minimum : Angers : 6 fr. ; Aix, Bastia, Bourges, Chambéry, Grenoble, Nancy, Toulouse ; 8 fr. ; Agen, Poitiers: 12 fr. ; ailleurs 10 fr.

Compte de bénéfice d'inventaire.

Seine : 50 cent % jusqu'à 300,000 fr. ; 25 cent. % de 300,000 à 600,000 fr., 0,125 % au-dessus.

Toulouse : 50 cent. % jusqu'à 500 000 fr., 25 cent. % au-dessus Autres tarifs, mêmes honoraires que pour compte d'administration.

Compte de tutelle.

Pau : 1 % de 1 à 20,000 fr. ; 50 cent. % de 20,000 à 500,000 fr. ; 25 cent. % au-dessus ; autres tarifs, mêmes honoraires que pour compte d'administration.

En cas de liquidation préalable dans le même acte, il est perçu en outre, l'honoraire de liquidation sur la part revenant à l'oyant compte, sans toutefois que l'honoraire puisse être cumulé en ce qui touche les valeurs figurant à la fois dans la liquidation et dans le compte.

Minimum : Aix, Bastia, Bourges, Chambéry, Grenoble, Nancy, Toulouse : 8 fr. ; Agen, Angers, Poitiers : 12 fr. ; ailleurs, 10 fr.

Recépissé de compte par acte séparé ; Bourges : 4 fr. ; Bastia, Orléans : 5 fr. ; Seine : pas d'honoraires ; ailleurs, 6 fr.

Arrêté de compte : Rennes : 5 fr. ; Seine : 9 fr. ; autres ressorts, 6 fr. : sous réserve du cas où il a lieu à l'honoraire proportionnel, à raison des conventions que renferme l'acte.

Compulsoire. — Honoraires par vacation.

Congé d'acquit, de bail.

Nancy : 2 fr. en brevet, 4 fr. en minute ; Seine, 4 fr. 50 en brevet, 9 fr. de minute ; Poitiers : congé d'acquit, 2 fr. ; congé en bail : en brevet, 6 fr. en minute ; autres ressorts : 4 fr. en brevet, 6 fr. en minute ;

Consentement à adoption, à entrer dans les ordres, à mariage, à tutelle officieuse.

Seine : 4 fr. 50 en brevet, 9 fr. en minute ; Toulouse : 4 fr. en brevet, 8 fr. en minute, pour tutelle officieuse seulement; autres ressorts : 4 fr. en brevet, 6 fr. en minute.

Consentement à exécution de testament ou de donation entre époux.

Bordeaux, Seine : 9 fr. ; Rennes : 4 fr. en brevet, 6 fr. en minute; Toulouse : 4 fr. en brevet, 8 fr. en minute; autres ressorts, 6 fr.

Si le consentement vaut délivrance de legs, honoraire de délivrance.

Consignations à la Caisse des dépôts. — Autres que celles effectuées en vertu du décret du 30 janvier 1890 : 8 fr.

Constitution de pension alimentaire.

A. En vertu de l'article 205 du Code civil : Toulouse : 15 cent. º/o; Rouen ; 25 cent. º/o de 1 à 100,000 fr. ; 0 fr. 125 º/o au-dessus ; autres tarifs : 25 cent. º/o sur le capital formé de dix fois la prestation annuelle.

B. Dans les autres cas : Rouen : 50 cent. º/o de 1 à 100,000 fr., 25 cent. º/o au-dessus : Toulouse : 30 cent. º/o; autres tarifs, 50 cent. º/o, sur le capital formé de dix fois la prestation annuelle.

Minimum : Angers, Bourges, Caen, Nancy, Orléans, Poitiers, Rouen : 4 fr. ; Toulouse : 6 fr.; ailleurs, 5 fr.

Constitution de rente perpétuelle, de rente viagère.

1º *A titre onéreux* : Toulouse : 75 cent. º/o ; Aix, Besançon, Bordeaux, Douai, Limoges, Seine : 1 º/o ; Angers : 1 º/o de 1 à 100,000 fr. ; 50 cent. º/o de 100,000 à 300,000 fr. ; 25 cent. º/o au-dessus ; Rouen : 1 º/o de 1 à 100,000 fr.; 50 cent. au-dessus ; Poitiers : 1.25 º/o de 1 à 5.000 fr.; 1 º/o au-dessus; autres ressorts : honoraires comme vente de gré à gré. Sur le capital formé de vingt fois la rente perpétuelle et de dix fois la rente viagère.

2º *A titre gratuit :* Honoraires comme en matière de donation ou de testament.

Minimum : Agen, Bordeaux, Orléans : 5 fr. ; Bourges, Toulouse : 8 fr. ; ailleurs, 6 fr.

Contrat de mariage.

I. *Sur les apports cumulés des époux, constatés dans le contrat, déduction faite des charges* : Seine : 25 cent. º/o jusqu'à 1 million de francs ; 0. fr. 125 º/o au-dessus; Angers, Caen, Orléans, Rouen : 50 cent. º/o de 1 à 50.000 fr. ; 25 cent. º/o au-dessus ; Douai : 50 cent. º/o de 1 à 50,000 fr. ; 25 cent. º/o de 50,000 à 100,000 fr. ; 0 fr. 125 º/o au-dessus ; Pau : 50 cent. º/º de 1 à 100,000 fr. ; 25 cent. º/o au-dessus ; Agen, Amiens, Besançon, Bordeaux, Dijon, Montpellier, Nancy : 50 cent. º/o de 1 à 100,000 fr. ; 25 cent. º/o au-dessus ; Lyon : 50 cent. º/o de 1 à 100,000 fr. ; 25 cent. º/o de 100,000 à 300.000 fr. ; 0 fr. 125 º/o au-dessus ; Poitiers : 50 cent. º/o de 1 à 100,000 fr. ; 25 cent. º/o de 100,000 à 1 million de francs ; 0 fr. 125 º/o au-dessus ; Paris, Toulouse :

50 cent. º/₀ de 1 à 200.000 fr. ; 25 cent. º/₀ au-dessus ; Riom : 75 cent. º/₀ de 1 à 10,000 fr. ; 50 cent. º/₀ de 10,000 à 50.000 fr. : 25 cent. º/₀ au-dessus ; Aix : 75 cent. º/₀ de 1 à 100.000 fr. ; 50 cent. º/₀ de 100,000 à 200,000 fr. ; 25 cent. º/₀ au-dessus ; Nîmes : 1 º/₀ de 1 à 5.000 fr. ; 50 cent. º/₀ de 5,000 à 50,000 fr. ; 25 º/₀ au-dessus ; Rennes : 1 º/₀ de 1 à 5,000 fr. ; 50 cent. º/₀ de 5,000 à 25,000 fr. ; 25 cent. º/₀ au-dessus ; Limoges : 1 º/₀ de 1 à 10,000 fr. ; 50 cent. º/₀ de 10,000 à 100,000 fr. ; 25 cent, º/₀ au-dessus ; Bastia, Bourges, Chambéry, Grenoble : 1 º/₀ de 1 à 10,000 fr. ; 50 cent. º/₀ de 10,000 à 50,000 fr. ; 25 cent. º/₀ au-dessus.

II. — *Sur les dots.* — 1º *En ligne directe et entre époux :* Caen : 50 cent. º/₀ de 1 à 50,000 fr. ; 25 º/₀ au-dessus ; Seine : 50 cent. jusqu'à 1 million de francs ; 25 cent. º/₀ de 1 à 3 millions de francs ; 0 fr. 125 º/₀ au-dessus ; Nancy : 75 cent. º/₀ de 1 à 50,000 fr. ; 50 cent. º/₀ de 50,000 à 500.000 fr.; 25 cent. au-dessus ; Poitiers : 75 cent. º/₀ de 1 à 50,000 fr. ; 50 º/₀ de 50,000 à 1 million de francs ; 25 cent. º/₀ au-dessus ; Besançon ; 75 cent. º/₀ de 1 à 100,000 fr.; 50 cent. º/₀ de 100,000 à 200,000 fr. ; 25 cent. º/₀ au-dessus ; Bordeaux : 75 cent. º/₀ de 1 à 100.000 fr. ; 50 cent. º/₀ de 100,000 à 500,000 fr. ; 25 cent. º/₀ au-dessus : Dijon : 75 cent. º/₀ de 1 à 100,000 fr. ; 0 fr. 375 º/₀ au-dessus ; Toulouse : 80 cent. º/₀ de 1 à 200,000 fr. ; 50 cent. º/₀ de 200,000 à 500,000 fr. ; 25 cent. º/₀ au-dessus ; Bastia : 1 º/₀ de 1 à 10,000 fr. ; 50 cent. º/₀ de 10,000 à 50,000 fr. ; 25 cent. º/₀ au-dessus ; Douai : 1 º/₀ de 1 à 10,000 fr. ; 75 cent. º/₀ de 10,000 à 50,000 fr. ; 50 cent. º/₀ de 50,000 à 100,000 fr.; 25 cent. º/₀ au-dessus; Riom : 1 º/₀ de 1 à 10,000 fr.; 75 cent. º/₀ de 10,000 à 30,000 fr. ; 50 cent. º/₀ de 30,000 à 60,000 fr. ; 25 cent. º/₀ au-dessus ; Amiens : 1 º/₀ de 1 à 20,000 fr.; 75 cent. º/₀ de 20,000 à 100,000 fr. ; 35 cent. º/₀ de 100,000 à 300,000 fr.; 25 cent. º/₀ au-dessus ; Orléans : 1 º/₀ de 1 à 25,000 fr. ; 50 cent. º/₀ de 25,000 à 100,000 fr. ; 25 cent. º/₀ au-dessus; Rennes : 1 º/₀ de 1 à 25,000 fr. ; 50 cent. º/₀ de 25,000 à 300,000 fr. ; 25 cent. º/₀ au-dessus ; Limoges : 1 º/₀ de 1 à 40.000 fr. ; 50 cent. º/₀ de 40,000 à 500,000 fr. ; 25 cent. º/₀ au-dessus ; Chambéry, Grenoble : 1 º/₀ de 1 à 50,000 fr. ; 50 cent. º/₀ de 50,000 à 300,000 fr. ; 25 cent. º/₀ au-dessus ; Bourges : 1 º/₀ de 1 à 50,000 fr.; 50 cent. º/₀ de 50,000 à 500,000 fr. ; 25 cent. º/₀ au-dessus ; Angers, 1 º/₀ de 1 à 50,000 fr. ; 50 cent. º/₀ de 50,000 à 600,000 fr.; 25 cent. º/₀ au-dessus; Agen, Lyon, Montpellier, 1 º/₀ de 1 à 100,000 fr.; 50 cent. º/₀ de 100,000 à 300,000 fr. ; 25 cent. º/₀ au-dessus ; Paris : 1 º/₀ de 1 à 100,000 fr. ; 50 cent. º/₀ de 100,000 à 200,000 fr.; 25 cent. º/₀ au-dessus; Aix, Nîmes, Pau, Rouen : 1 º/₀ de 1 à 100,000 fr. ; 50 cent. º/₀ de 100,000 à 500,000 fr. ; 25 cent. º/₀ au-dessus.

2º *En ligne collatérale :* Seine : 50 cent. º/₀ jusqu'à 1 million de francs; 25 cent. º/₀ de 1 à 3 millions de francs ; 0 fr. 125 º/₀ au-dessus; Bastia : 1 º/₀ de 1 à 10,000 fr. ; 50 cent. º/₀ de 10,000 à

50,000 fr. ; 25 cent. % au-dessus ; Douai : 1 % de 1 à 10,000 fr. ; 75 cént. % de 10,000 à 50,000 fr. ; 50 cent. % de 50,000 à 100,000 fr. ; 25 cent. % au-dessus ; Orléans : 1 % de 1 à 25,000 fr. ; 50 cent. % de 25,000 à 100,000 fr. ; 25 cent. % au-dessus ; Caen, Rennes : 1 % de 1 à 50.000 fr. ; 50 cent. % au-dessus ; Riom, 1 % de 1 à 50,000 fr. ; 75 cent. % de 50,000 à 100,000 fr. ; 25 cent. % au-dessus ; Bourges ; 1 % de 1 à 50,000 fr. ; 75 cent. % de 50,000 à 100,000 fr. ; 50 cent. % de 100,000 à 500,000 fr. ; 25 cent. % au-dessus ; Nancy : 1 % de 1 à 50,000 fr. ; 75 cent. % de 50,000 à 300,000 fr. ; 50 cent. % de 300,000 à 600,000 fr. ; 25 cent. % au-dessus ; Angers : 1 % de 1 à 50,000 fr. ; 50 cent. % de 50,000 à 600,000 fr. ; 25 cent. % au-dessus ; Poitiers ; 1 % de 1 à 50,000 fr. ; 75 cent. % de 50,000 à 1 million de francs : 50 cent. % au-dessus ; Amiens, 1 % de 1 à 50,000 fr. ; 80 cent. % de 50,000 à 100,000 ; 50 cent. % de 100,000 à 300,000 fr. ; 25 cent. % au-dessus ; Dijon : 1 % de 1 à 100,000 fr. ; 50 cent. % au-dessus ; Agen, Lyon, Montpellier : 1 % de 1 à 100,000 fr. ; 50 cent. % de 100,000 à 300,000 fr. ; 25 cent. % au-dessus ; Pau, Rouen : 1 % de 1 à 100,000 fr. ; 50 cent. % de 100,000 à 500,000 fr. ; 25 cent. % au-dessus ; Paris : 1 % de 1 à 100,000 fr. ; 50 cent. % de 100.000 à 200,000 fr. ; 25 cent. % au-dessus ; Bordeaux : 1 % de 1 à 200,000 fr. ; 50 cent. % de 200,000 à 500,000 fr. ; 25 cent. % au-dessus ; Limoges : 1,25 % de 1 à 100,000 fr. ; 50 cent. % au-dessus ; Besançon : 1,25 % de 1 à 100,000 fr. ; 75 cent. % de 100,000 à 200,000 fr. ; 25 cent. au-dessus ; Nîmes : 1,50 % de 1 à 50,000 fr. ; 1 % de 50,000 à 100,000 fr. ; 50 cent. % au-dessus ; Aix, 1,25 % de 1 à 50,000 fr. ; 1 % de 50,000 à 75,000 fr. ; 50 cent. % au-dessus ; Chambéry, Grenoble : 1,25 % de 1 à 50,000 fr. ; 1 % de 50,000 à 100,000 fr. ; 50 cent. % au-dessus ; Toulouse : 1 % de 1 à 200,000 fr. ; 50 cent. % de 200,000 à 500,000 fr. ; 25 cent. au-dessus.

3° *Entre étrangers :* Aix, 1,50 % jusqu'à 50,000 fr. ; 1,25 % de 50,000 à 75,000 fr. ; 50 cent. % au-dessus ; Chambéry, Grenoble, 1,50 jusqu'à 50,000 fr. ; 1 % de 50,000 à 100,000 fr. ; 50 cent. % au-dessus ; Toulouse, 1,25 % jusqu'à 200,000 fr. ; 50 cent. % de 200,000 à 500,000 fr. ; 25 cent. % au-dessus. Autres tarifs comme en ligne collatérale.

III. *Société de ménage :* Agen, 4 fr. ; Bordeaux, 6 fr. ; autres tarifs non prévus.

IV. *Dispositions éventuelles :* 1° Donation entre époux : A. Droit de rédaction : Agen, Orléans : 5 fr. ; Aix, Angers, Caen, Dijon, Douai, Limoges, Nîmes, Poitiers : 6 fr. ; Nancy, Paris, Pau, Rouen : 8 fr. ; Toulouse : 12 fr. ; Seine, néant ; ailleurs, 10 fr. ; B. Droit proportionnel à percevoir au décès : Nancy : 50 cent. % de 1 à 100,000 fr. ; 25 cent. % au-dessus ; Seine, pas d'honoraires ; autres ressorts honoraires comme en matière de testament.

2º *Institution contractuelle* : A. *droit de rédaction* : **Agen** : 5 fr. ; Aix, Caen, Dijon, Douai : 6 fr. ; Nancy, Nîmes, Rouen ; 8 fr. ; Limoges, Lyon, Orléans, Poitiers, Toulouse : 12 fr. ; Seine : néant ; ailleurs, 10 fr. ; B. droit proportionnel à percevoir au décès : Nancy : 75 cent. º/º de 1 à 50,000 fr. ; 50 cent. º/º de 50,000 à 500,000 fr. ; 25 cent. º/º au-dessus ; Seine néant ; autres ressorts, honoraires comme en matière de testament.

3º *Promesse d'égalité* : Limoges, 5 fr. ; Toulouse ; 8 fr. ; Agen, Chambéry, Grenoble, Pau : 10 fr. ; Seine : néant ; ailleurs : 6 fr.

V. — *Minimum du contrat* : Caen, Nancy : 12 fr. ; Aix : 20 fr. ; Seine, 25 fr ; ailleurs, 15 fr.

Si le contrat n'est pas suivi de célébration, l'honoraire est perçu par rôles de minute.

VI.— *Résiliation de contrat de mariage* : Bastia : 5 fr. ; Bordeaux : 9 fr. ; Agen, Aix, Amiens, Lyon, Montpellier, Nancy, Nîmes : 10 fr. ; Besançon, Seine : 12 fr. ; autres tarifs, 8 fr.

Contre-lettre à contrat de mariage.

Honoraires comme contrat de mariage sur ce qui est ajouté.

Minimum : Rouen : 5 fr. ; Agen : 6 fr. ; Aix, Angers, Besançon, Bourges, Dijon, Limoges, Nancy, Orléans, Pau, Rennes, Toulouse : 8 fr. ; Bordeaux : 9 fr. ; Bastia, Caen, Lyon, Paris : 10 fr. ; Chambéry, Douai, Grenoble, Nîmes : 12 fr. ; Amiens, Poitiers : 15 fr. ; Montpellier, Riom, Seine, non prévu.

Contributions (Paiement des) *après adjudication de fruits et récoltes.* — Bordeaux, Lyon, Marseille, Paris, Rouen, Toulouse : 4 fr. ; ailleurs, 3 fr. (L. 18 juin 1843 art. 1 ; décret du 5 novembre 1851, art. 4),

Convention d'indivision, (V. Indivision).

Copie collationnée. — Droit fixe de 5 fr. plus les rôles d'expédition.

Crédit (ouverture de).

Avec garantie : honoraires comme en matière d'obligation. Sans garantie : moitié des honoraires.

Minimum : Agen : 6 fr. ; ailleurs, 5 fr.

Dation en payement. — Honoraires comme en matière de vente de gré à gré. Minimum : 5 fr.

Décharge, par acte séparé, de cautionnement, d'exécution testamentaire, de mandat, d'objets mobiliers, de pièces, de solidarité. Aix : 4 fr. en brevet, 8 fr. en minute ; Seine : 4 fr. 50 en brevet, 9 fr. en minute ; ailleurs 4 fr. en brevet, 6 fr. en minute.

Décharge de dépôt de sommes ou valeurs.

Bordeaux : 10 cent. º/º ; Seine : 0 fr. 125 º/º ; Chambéry, Grenoble : 25 cent. º/º de 1 à 10.000 fr. ; 0 fr. 125 º/º au-dessus ; Paris, Rennes : 25 cent. º/º de 1 à 20,000 fr. ; 0 fr. 125 º/º au-dessus ;

5 *

Nancy, Orléans : 25 cent. º/o de 1 à 50.000 fr.; 0 fr, 125 º/o au-dessus ; Aix : 25 cent. º/o de 1 à 100,000 fr. ; 0 fr. 125 º/o au-dessus ; Besançon : 25 cent. º/o de 1 à 100,000 fr. ; 0 fr. 125 º/o de 100,000 à 200,000 fr. ; 0 fr. 0625 º/o au-dessus ; Toulouse : 25 cent. º/o de 1 à 200,000 fr. ; 0 fr. 125 º/o au-dessus ; ailleurs, 25 cent. º/o.

Minimum : Poitiers : 3 fr.; Besançon, Bourges, Caen, Douai, Nancy : 4 fr. ; Aix, Bordeaux, Chambéry, Grenoble : 6 fr.; Seine, pas de minimum ; autres tarifs 5 fr.

Déclaration pure et simple. — Honoraires par rôles de minute.

Déclaration de command.

Tous tarifs sauf Seine, 4 fr. jusqu'à 1.000 fr. ; 8 fr. jusqu'à 5.000 fr. ; 12 fr. jusqu'à 10,000 fr. ; 16 fr. au-dessus ; Seine : 9 fr. si la déclaration ne contient aucune disposition nouvelle et se fait à la la suite d'un acte reçu par le même notaire ; dans le cas contraire : 10 cent. º/o.

Déclaration d'emploi (par acte séparé). — Honoraires comme en matière d'acceptation d'emploi.

Déclaration d'apport ou de fortune. Honoraires par rôles de minute.

Déclaration de grossesse ou de paternité. — Caen, Orléans : 4 fr.; Aix, Paris, Riom : 6 fr. ; Toulouse : 8 fr. ; Seine : 9 fr. ; ailleurs, 10 fr.

Déclaration d'hypothèque. — Caen, Chambéry, Grenoble : 4 fr.; Seine : 9 fr. ; Bordeaux : 10 fr. ; ailleurs, 6 fr.

Déclaration de mobilier pour éviter une confusion. — Honoraires par rôles de minute.

Déclaration de privilège de second ordre.

A) Si elle est faite à la suite d'un acte d'emprunt reçu dans l'étude : 8 fr., sauf Aix : 5 fr. ; Agen, Amiens, Bastia, Nancy, Nîmes : 6 fr. ; Seine : 9 fr.

B) Dans les autres cas : Nîmes, Riom : 25 cent. º/o; Pau : 30 cent. º/o; Amiens, Rouen, Seine : 50 cent. º/o de 1 à 100.000 fr. ; 25 cent. º/o au-dessus ; Montpellier : 50 cent. º/o de 1 à 100,000 fr. ; 25 cent. º/o de 100.000 à 300,000 fr. ; 0 fr. 125 º/o au-dessus ; ailleurs, 50 cent. º/o.

Minimum : Bourges, Chambéry, Grenoble : 4 fr. ; Angers, Besançon, Nancy, Poitiers, Rouen : 6 fr. ; Bordeaux : 8 fr. ; ailleurs, 5 fr.

Déclaration préalable aux ventes de meubles. — Partout 4 fr.

Déclaration de souscription de capital social (V. Société).

Déclaration de succession.

A) S'il y a liquidation faite ou en cours : Rouen : 10 cent. º/o de 1 à 100,000 fr. ; 5 cent. º/o au-dessus ; autres ressorts sauf Seine, 5 cent. º/o.

B. En cas contraire : 10 cent. º/o ; sauf Douai : 15 cent. º/o.

Sur les biens et valeurs énoncés dans la déclaration de succession (Etat de meuble compris), qu'ils soient ou non soumis à l'impôt.

Minimum : Toulouse : 5 fr. ; Angers : 6 fr. ; ailleurs : 4 fr.

Seine : *a)* S'il y **a** eu inventaire fait après le décès : Moitié des rôles de l'inventaire. A défaut d'inventaire : Moitié des rôles de la liquidation. *b)* S'il n'y **a** ni inventaire ni liquidation : 0,125 º/o sur les biens et valeurs énoncés dans la déclaration.

Les actes accessoires non prévus au tarif : état de dettes, copie collationnée de titre, attestation de créancier, doivent être rémunérés au minimum des actes en brevet.

Délégation de créance.

A.) Parfaite (Par acte séparé) : Honoraires comme en matière d'obligation. Minimum : 5 fr. ; sauf Besançon : 6 fr.

B) Imparfaite : Angers, Caen, Limoges, Poitiers : 4 fr. ; Nancy, Rennes : 5 fr. ; Seine ; 9 fr., autres ressorts, 6 fr.

C) Lorsque la délégation parfaite intervient dans un acte dont elle n'est pas l'objet principal : Moitié des honoraires perçus en manière d'obligation. Seine : pas d'honoraires.

Minimum : 5 fr., sauf Besançon : 6 fr. ; Bastia, Caen : pas de minimum.

Délivrance de legs.

A. Ayant pour objet une somme d'argent ou des valeurs mobilières ;

1 Sur l'acte de délivrance :

Avec décharge : Seine : 25 cent. º/o ; Riom : 50 cent. º/o de 1 à 50,000 fr. ; 25 cent. º/o au-dessus ; Amiens, Chambéry, Grenoble, Nancy, Nîmes, Orléans, 50 cent. º/o de 1 à 50,000 fr. ; 25 cent. º/o au-dessus ; Aix, Rouen : 50 cent. º/o de 1 à 100,000 fr. ; 25 cent. º/o au-dessus ; Pau : 60 cent. º/o ; autres ressorts, 50 cent. º/o.

Sans décharge ni quittance : Amiens, Chambéry, Grenoble, Nancy, Nîmes, Orléans, Riom : 25 cent. º/o de 1 à 50,000 fr. ; 0 fr. 125 º/o au-dessus ; Aix, Rouen : 25 cent. º/o de 1 à 100,000 fr. ; 0 fr. 125 º/o au-dessus ; Pau : 30 cent. º/o ; autres ressorts, 25 cent. º/o.

2º *Sur la décharge ou quittance ultérieure :* Amiens, Chambéry, Grenoble, Nancy, Nîmes, Orléans, Riom : 25 cent. º/o de 1 à 50,000 fr. ; 0 fr. 125 º/o au-dessus ; Aix, Rouen : 25 cent. º/o de 1 à 100,000 fr. ; 0 fr. 125 º/o au-dessus ; Pau : 30 cent. º/o ; autres tarifs, 25 cent. º/o.

B. Ayant pour objet des immeubles ou des objets mobiliers, avec ou sans décharge : Amiens, Orléans, Riom : 25 º/o de 1 à 50,000 fr. ; 0 fr. 125 º/o au-dessus ; Aix, Rouen : 25 º/o de 1 à 100,000 ; 0 fr. 125 º/o au-dessus ; Pau : 30 cent. º/o ; Nancy, 6 fr., droit fixe ; ailleurs, 25 cent. º/o.

Minimum : Limoges, 4 fr.; Agen, Angers, Besançon, Bordeaux, Bourges, Nimes, Paris, Rouen : 6 fr.; ailleurs, 5 fr.

Délivrance de seconde grosse (Procès-verbal de).

Amiens : 6 fr.; Seine, 9 fr.; autres ressorts, 8 fr., non compris les rôles de copie.

Dépôt d'acte sous seing privé.

A. Si le dépôt est fait par toutes les parties avec reconnaissance de leurs écritures, l'honoraire perçu sera celui auquel aurait donné lieu l'acte authentique contenant la convention.

B. Dans le cas où le dépôt n'est pas fait par toutes les parties : moitié de l'honoraire précédent.

Minimum : Agen, Aix, Bordeaux : 6 fr.; Amiens, Angers, Bastia, Bourges, Caen, Chambéry, Dijon, Douai, Grenoble, Limoges, Lyon, Montpellier, Nancy, Orléans, Paris, Pau, Poitiers, Rennes, Riom, Rouen, Toulouse : 5 fr.

Dépôts d'extraits de contrat de mariage.

6 fr. pour les quatre extraits, non compris le coût des extraits; sauf Poitiers : 4 fr.; Bordeaux : 5 fr.; Seine : pas d'honoraires pour les dépôts faits au lieu de la résidence.

Dépôt et insertion en matière de société.

I. Dépôt : 5 fr.; sauf Poitiers : 4 fr.; par localité, non compris le coût de l'expédition.

II. Insertion : 6 fr.; sauf Poitiers : 4 fr.; pour la rédaction et l'envoi.

Seine : l'honoraire n'est dû que si les dépôts sont faits en dehors de la résidence du notaire.

Dépôt de pièces authentiques et autres (Acte de).

Seine : 9 fr.; autres ressorts : honoraires par rôles de minute.

Ce dépôt s'applique aux pièces suivantes : cahier des charges judiciaire, homologation de liquidation, purge d'hypothèques légales, séparation de biens, etc.

Dépôt au greffe de procès-verbal de difficultés ou autres actes.

Dans toute la France une vacation.

Dépôt de sommes et valeurs ou objets à un particulier.

Honoraires par rôles de minute.

Dépôt de testament olographe (voir testament olographe).

Désaveu de paternité.

Agen, Aix, Amiens, Bourges, Nancy, Nîmes, Paris, Poitiers : 6 fr.; Angers, Rennes : 8 fr.; Seine : 9 fr.; autres ressorts : 10 fr.

Désistement d'appel, d'instance, d'hypothèque ou de privilège, de plainte, de réméré, etc.

Toulouse : 4 fr. en brevet, 8 fr. en minute; Seine : 4 fr. 50 en brevet et 9 fr. en minute ; tous autres tarifs : 4 fr. en brevet, 6 fr. en minute.

Devis et marchés.

Honoraires comme en matière de vente ou de louage, suivant le cas ; Pau, Rennes, non prévu.

Dispense de notification de contrat, de signification de transport, de congé, etc.

Seine : 4 fr. 50 en brevet, 9 fr. en minute ; ailleurs : 4 fr. en brevet, 6 fr. en minute.

Et, en plus 2 fr. par chaque partie, en sus de la première, ayant un intérêt distinct et intervenant dans l'acte.

Dispense de rapport par le donateur (Faite par acte séparé).

Bastia : 5 fr.; Seine : 9 fr.; ailleurs, 12 fr.

Dissolution de société.

1º *D'habitation et de travail.*

Aix, Nancy : 8 fr.; Seine : 9 fr.; Angers, Limoges, Rennes, Rouen, Toulouse : 12 fr.; ailleurs : 6 fr.

2º *Civile ou commerciale* (V. Société).

Distribution de deniers par contribution.

Rouen : 50 cent. º/º ; Pau : 60 cent. º/º ; Riom : 75 cent. º/º de 1 à 50,000 fr.; 50 cent. º/º de 50,000 à 100,000 fr.; 25 cent. º/º au-dessus ; Poitiers, 75 cent. º/º de 1 à 100,000 fr.; 50 cent. º/º de 100,000 à 300,000 fr.; 25 cent. º/º au-dessus ; Bastia : 1 º/º de 1 à 5,000 fr ; 50 cent. º/º de 5,000 à 30,000 fr.; 25 cent. º/º au-dessus ; Douai : 1 º/º de 1 à 15,000 fr.; 50 cent. º/º de 15,000 à 100,000 fr.; 25 cent. º/º au-dessus ; Bourges : 1 º/º de 1 à 50,000 fr.; 50 cent. º/º au-dessus ; Besançon : 1 º/º de 1 à 50,000 fr.; 75 cent. º/º de 50,000 à 100,000 fr ; 50 cent. º/º de 100,000 à 200,000 fr.; 25 cent. º/º au-dessus ; Nîmes : 1 º/º de 1 à 50,000 fr.; 50 cent. º/º de 50,000 à 100,000 fr.; 25 cent. º/º au-dessus ; Caen, Limoges, Orléans : 1 º/º de 1 à 50,000 fr.; 50 cent. º/º de 50,000 à 300,000 fr.; 25 cent. º/º au-dessus ; Angers : 1 º/º de 1 à 50,000 fr.; 50 cent. º/º de 50,000 à 500,000 fr.; 25 cent. º/º au-dessus ; Dijon : 1 º/º de 1 à 100,000 fr.; 75 cent. º/º de 100,000 à 200,000 fr.; 50 cent. º/º de 200,000 à 300,000 fr.; 25 cent. º/º au-dessus ; Agen, Aix, Amiens, Chambéry, Grenoble, Montpellier, Nancy, Rennes : 1 º/º de 1 à 100,000 fr.; 50 cent. º/º de 100,000 à 300,000 fr.; 25 cent. º/º au-dessus ; Bordeaux, Paris, Toulouse : 1 º/º de 1 à 200,000 fr.; 50 cent. º/º de 200,000 à 500,000 fr.; 25 cent. º/º au-dessus ; Lyon : 1 º/º de 1 à 300,000 fr.; 50 cent. º/º de 300,000 à 1,000,000 de fr.; 25 cent. º/º au-dessus ; Seine : 1 º/º sur le montant total des collocations.

Minimum : Agen, Douai : 6 fr.; Bastia, Limoges, Paris, Toulouse : 8 fr.; Amiens, Bordeaux, Chambéry, Grenoble, Lyon, Montpellier, Nîmes, Orléans, Rennes, Riom, Rouen : 10 fr.; Angers, Besançon,

Caen, Dijon, Nancy, Pau, Poitiers : 12 fr.; Aix : 15 fr.; Bourges : 20 fr.

Donation entre vifs.

I. *Acceptée par le même acte.*

En ligne directe : Bastia : 1 % de 1 à 10,000 fr.; 75 cent. % de 10,000 à 20,000 fr.; 50 cent. % de 20,000 à 50,000 fr.; 25 cent. % au-dessus ; Caen, Douai : 1 % de 1 à 50.000 fr.; 50 cent. % de 50,000 à 200,000 fr.; 25 cent. % au-dessus ; Chambéry, Grenoble, Orléans : 1 % de 1 à 50,000 fr.; 50 cent. % de 50,000 à 300,000 fr.; 25 cent. % au-dessus ; Angers : 1 % de 1 à 50,000 fr.; 50 cent. % de 50,000 à 500,000 fr.; 25 cent. % au-dessus ; Riom : 1 % de 1 à 50,000 fr.; 75 cent. % de 50,000 à 100,000; 50 cent. % de 100,000 à 300,000 fr.; 25 cent. % au-dessus ; Nancy : 1 % de 1 à 50,000 fr.; 75 cent. % de 50,000 à 100,000 fr.; 50 cent. % de 100,000 à 500,000 fr.; 25 cent. % au-dessus ; Besançon : 1 % de 1 à 100,000 fr.; 50 cent. % de 100,000 à 200,000 fr.; 25 cent. % au-dessus ; Agen, Amiens, Dijon, Montpellier, Rennes : 1 % de 1 à 100,000 fr.; 50 cent. % de 100,000 à 300,000 fr.; 25 cent. % au-dessus ; Aix, Bourges, Limoges, Nîmes, Pau, Poitiers, Rouen, Toulouse : 1 % de 1 à 100,000 fr.; 50 cent. % de 100,000 à 500,000 fr. ; 25 cent. % au-dessus ; Bordeaux, Paris : 1 % de 1 à 200,000 fr. ; 50 cent. % de 200,000 à 500,000 fr. ; 25 cent. % au-dessus ; Lyon : 1 % de 1 à 300,000 fr. ; 50 cent. % de 300,000 à 600,000 fr. ; 25 cent. % au-dessus ; le tout sur la valeur des biens donnés. Seine : 1 % de 1 à 500,000 fr. ; 50 cent. % de 500,000 à 1,000,000 de francs ; 25 cent. % de 1,000,000 à 3,000,000 de francs ; 0,125 % au-dessus, sur la valeur nette des sommes ou biens donnés.

En ligne collatérale. Bastia : 1 % de 1 à 10,000 fr. ; 75 cent. % de 10,000 à 20.000 fr. ; 50 cent. % de 20,000 à 50.000 fr. ; 25 cent. % au-dessus ; Douai : 1 % de 1 à 50,000 fr. ; 50 cent. % de 50,000 à 200,000 fr. ; 25 cent. % au-dessus ; Caen, Orléans : 1 % de 1 à 100,000 fr. ; 50 cent. % au-dessus ; Agen, Amiens, Montpellier : 1 % de 1 à 100 000 fr. ; 50 cent. % de 100,000 à 300,000 fr. ; 25 cent. % au-dessus ; Angers, Pau, Rouen : 1 % de 1 à 100,000 fr ; 50 cent. % de 100,000 à 500,000 fr. ; 25 cent. % au-dessus ; Bordeaux, Bourges, Paris : 1 % de 1 à 200,000 fr. ; 50 cent, % de 200,000 à 500,000 fr.; 25 cent. % au-dessus : Nancy : 1 fr. 25 % de 1 à 50,000 fr. ; 1 % de 50,000 à 100,000 fr. ; 50 cent. % de 100,000 à 500,000 fr. : 25 cent. % au-dessus ; Riom : 1 fr. 25 % de 1 à 50,000 fr. ; 75 cent. % de 50,000 à 100,000 fr. ; 50 cent. % au-dessus; Dijon, Rennes : 1 fr. 25 % de 1 à 100,000 fr. ; 50 cent. % au-dessus ; Besançon : 1 fr. 25 % de 1 à 100,000 fr. ; 70 cent. % de 100,000 à 200,000 fr. ; 50 cent. % de 200,000 à 300,000 fr. ; 25 cent. % au-dessus ; Limoges : 1 fr. 25 % de 1 à 100,000 fr. ; 1 % de 100,000 à 200,000 fr. ; 50 cent. % au-dessus; Poitiers : 1 fr. 25 % de 1 à 100,000 fr. ; 1 % de 100,000 à 200,000 fr. ;

75 cent. º/o de 200,000 à 500,000 ; 50 cent. º/o au-dessus ; Toulouse :
1 fr. 25 º/o de 1 à 200,000 fr. ; 50 cent. º/o de 200.000 à 500,000 fr. ; 25
cent. º/o au-dessus ; Lyon : 1 fr. 25 º/o de 1 à 300,000 fr. ; 75 cent. º/o
de 300,000 à 600,000 fr. ; 50 cent. º/o au-dessus ; Chambéry, Grenoble,
Nîmes : 1 fr. 50 º/o, de 1 à 50,000 fr. ; 1 º/o de 50,000 à 100,000 fr. ;
50 cent. º/o au-dessus ; Aix : 1 fr. 25 º/o de 1 à 50,000 fr. ; 1 º/o de
50,000 à 100,000 fr. ; 50 cent. º/o au-dessus. Seine : Même honoraire que pour la ligne directe.

Entre étrangers : Aix : 1 fr. 50 º/o de 1 à 50,000 fr. ; 1 º/o de 50.000 à
100,000 fr. ; 50 cent. º/o au-dessus ; autres tarifs mêmes honoraires
que pour la ligne collatérale.

II. *Non acceptée dans le même acte.* — Les trois quarts de l'honoraire de la donation acceptée.

III. — *Acceptation de la donation.* — Le quart de l'honoraire de la
donation acceptée.

Minimum : Aix, 8 fr. ; Agen, Bourges : 12 fr. ; ailleurs. 10 fr.

Donation entre époux pendant le mariage.

I. *Honoraires de rédaction.*

En l'étude : Angers, Caen, Dijon, Douai, Montpellier, Nîmes :
6 fr. ; Seine : 9 fr. ; Bastia, Poitiers, Rouen : 10 fr. ; autres ressorts :
8 fr.

Au domicile des parties : Douai : 8 fr. ; Seine : 9 fr. ; Angers,
Caen, Montpellier, Nîmes : 10 fr. ; Limoges, Rouen : 15 fr. ; ailleurs,
12 fr.

La nuit : Douai, Nancy, Paris, Poitiers : 16 fr. ; ailleurs, 20 fr.

II. *Honoraires dus au décès* : Poitiers : 1 º/o de 1 à 100,000 fr. ;
50 cent. º/o de 100,000 à 500,000 fr. ; 25 cent. º/o au-dessus ; Seine :
25 cent. º/o jusqu'à 3,000,000 de francs ; 0,125 º/o au-dessus ; autres
ressorts, comme en matière de testaments ; sur la valeur de l'actif
recueilli par le donataire.

Donation par ascendant (V. partage d'ascendant).

Donation par contrat de mariage (V. contrat de mariage)

Echange.

Seine : Honoraires comme en matière de vente immobilière ou
mobilière, suivant le cas, sur la valeur la plus importante des
immeubles ou meubles échangés ; ailleurs, honoraires comme en
matière de vente sur la valeur la plus forte des deux lots échangés.

Minimum : 5 fr., sauf Seine, non prévu.

Emphytéose (V. bail).

Endossement.

Agen, Aix, Amiens, Bordeaux, Chambéry, Grenoble, Lyon, Rouen :
50 cent. º/o ; ailleurs, 25 cent. º/o.

Minimum : Bordeaux, Riom, Toulouse : 3 fr. ; Caen : 4 fr. ; ailleurs,
2 fr.

Engagement des gens de mer.

Caen ; 20 cent. º/o ; Besançon : 30 cent. º/o ; Pau : 40 cent. º/o ; Lyon, 40 cent. º/o de 1 à 100,000 ; 25 cent. º/o au-dessus ; Bordeaux, Limoges, Montpellier : 50 cent. º/o ; Bourges, Chambéry, Grenoble : 50 cent. º/o de 1 à 5,000 fr. ; 25 cent. º/o au-dessus ; Nîmes : 50 cent. º/o de 1 à 25,000 fr. ; 25 cent. º/o au-dessus ; ailleurs, 25 cent. º/o.

Minimum : Caen, Nancy : 4 fr. ; Amiens, Bastia, Bourges, Dijon, Limoges, Montpellier, Orléans, Paris, Pau, Poitiers, Rennes : 5 fr. ; autres tarifs, 6 fr.

Engagement théâtral.

Caen : 20 cent. º/o ; Agen, Angers, Bastia, Douai, Orléans, Paris, Poitiers, Rennes, Riom, Rouen, Seine, Toulouse : 25 cent. º/o ; Besançon, Dijon : 30 cent. º/o ; Pau : 40 cent. º/o ; Lyon : 40 cent. º/o de 1 à 10,000 fr. ; 25 cent. º/o au-dessus ; Aix, Amiens, Bordeaux, Limoges, Montpellier, Toulouse : 50 cent. º/o ; Bourges, Chambéry, Grenoble : 50 cent. º/o de 1 à 5,000 fr. ; 25 cent. º/o au-dessus ; Nîmes : 50 cent. º/o de 1 à 25,000 fr. ; 25 cent. º/o au-dessus ; Nancy : 50 cent. º/o de 1 à 50,000 fr. ; 25 cent. º/o au-dessus.

Minimum : Caen : 2 fr. ; Nancy : 4 fr. ; Bastia, Bourges, Dijon, Montpellier, Orléans, Paris, Pau, Poitiers, Rennes, Riom, Rouen, Toulouse : 5 fr. ; ailleurs, 6 fr.

Engagements d'ouvriers (V. bail ou louage).

Établissement d'origine de propriété (Par acte séparé).

Honoraires par rôles de minute.

État de dettes, de meubles. — Honoraires par rôles de minute.

État de lieux (Procès-verbal d'). — Honoraires par rôle de minute.

Exécuteur testamentaire (V. nomination).

Experts (Nomination d'). — Honoraires par rôles de minute.

Expropriation publique. (V. Règlement d'indemnité).

Formalités hypothécaires.

A. Dans toute la France sauf Seine : 1º Pour les réquisitions de transcription d'actes translatifs de propriété, y compris les réquisitions d'états d'inscriptions, de saisies et de transcriptions, et les certificats de non transcription et de non-résolution ou rescision, sur les actes représentant un capital inférieur à 500 fr. : 1 fr. 50 ; à 1,000 fr. : 2 fr. 50 ; à 2.000 fr. : 3 fr. 50 ; à 5,000 fr. : 6 fr. ; au-dessus de 5,000 fr. : 8 fr.

2º Pour les réquisitions d'état d'inscriptions et de radiations : notaire résidant au siège de la conservation : 2 fr. ; notaire ne résidant pas : 3 fr.

3º Pour toutes les autres réquisitions : notaire résidant : 1 fr. ; notaire non résident : 1 fr. 50.

4º Pour port de chaque envoi de pièce par un notaire ne résidant pas au siège de la conservation : 1 fr.

B. Seine : l'honoraire n'est dû que pour les notaires ne résidant pas au siège de la conservation des hypothèques.

Frais de voyage (V. art. 22 du décret.)

Gage et nantissement. — Honoraires comme en matière d'affectation hypothécaire.

Gardien, v. nomination.

Hypothèque conventionnelle, v. affectation hypothécaire, obligation.

Hypothèque maritime, v. affectation hypothécaire.

Indivision, (Convention d'). — Honoraires par rôles de minute.

Institution contractuelle, v. contrat de mariage.

Inventaire. — Honoraires par vacation.

Légalisation.

A la justice de paix ou au tribunal de première instance : 25 cent. par pièce.

Dans ministère, ambassade ou consulat : 1 fr. par pièce.

Lettre de change.

Angers, Caen, Douai, Grenoble, Orléans, Poitiers, Riom, Seine : 25 cent. º/o ; Amiens : 50 cent. º/o de 1 à 100,000 fr.; 25 cent. º/o au-dessus ; Agen : 60 cent. º/o ; ailleurs : 50 cent. º/o.

Minimum : Angers, Aix, Dijon, Lyon, Paris, Montpellier : 2 fr.; Rennes : 4 fr.; ailleurs : 3 fr.

Licitation.

A. *De gré à gré* : 1º Si l'indivision cesse, honoraire comme en matière de partage c. sur l'ensemble des biens licités.

Minimum : Angers : 5 fr.; Bordeaux, Riom : 8 fr.; Douai, Nîmes : 10 fr.; Montpellier, Orléans : 12 fr. Pas de minimum : Nancy, Pau, Poitiers, Riom ; autres ressorts : 15 fr.

2º Dans le cas contraire, honoraires comme en matière de vente sur la part acquise.

Minimum : Riom : 8 fr.; autres ressorts : 5 fr.; non prévu : Aix, Rouen, Seine.

B. *Par adjudication volontaire* : Honoraires comme en matière de vente par adjudication volontaire. L'honoraire est perçu sur le prix total des immeubles licités.

C. *Judiciaire :* 1 º/o de 1 à 10,000 fr.; 50 cent. º/o de 10,000 à 50,000 fr.; 25 cent. º/o de 50,000 à 100,000 fr.; 0,125 º/o au-dessus. (Ordonnance 10 octobre 1841, art. 14), sauf les dégrèvements prévus par la loi du 23 octobre 1884 pour les licitations dont le prix ne dépasse pas 2,000 fr.

Liquidation de reprises.

Sur reprises en deniers : Bastia : 1 º/o de 1 à 20,000 fr.; 50 cent. º/o de 20,000 à 50,000 fr.; 25 cent. º/o de 50,000 à 5 millions de francs ;

0,125 o/o au-dessus; Riom: 1 o/o de 1 à 50,000 fr.; 75 cent. o/o de
50,000 à 100,000 fr.; 50 cent. o/o de 100,000 à 300,000 fr.; 25 cent. o/o
de 300,000 à 5 millions de francs; 0,125 o/o au-dessus; Nîmes: 1 o/o
de 1 à 50,000 fr.; 60 cent. o/o de 50,000 à 100,000 fr ; 30 cent. o/o de
100,000 à 5 millions de francs; 0,125 o/o au-dessus; Paris: 1 o/o de 1
à 100,000 fr.; 50 cent. o/o de 100,000 à 200,000 fr.; 25 cent. o/o de
200,000 à 5 millions de francs; 0,125 o/o au-dessus; Caen, Montpellier,
Nancy: 1 o/o de 1 à 100,000 fr.; 50 cent. o/o de 100,000 à 300,000 fr.;
25 cent. o/o de 300,000 à 5 millions de francs; 0,125 o/o au-dessus;
Douai: 1 o/o de 1 à 100,000 fr.; 50 cent. o/o de 100,000 à 400,000 fr.;
25 cent. o/o de 400,000 à 5 millions de francs; 0,125 o/o au-dessus;
Aix, Angers, Limoges, Orléans, Poitiers, Rouen: 1 o/o de 1 à 100,000
fr.; 50 cent. o/o de 100,000 à 500,000 fr.; 25 cent. o/o de 500,000 à 5 millions de francs; 0,125 o/o au-dessus; Amiens, Dijon: 1 o/o de 1 à
100,000 fr.; 75 cent. o/o de 100,000 à 200,000 fr.; 50 cent. o/o de 200,000
à 500,000 fr.; 25 cent. o/o de 500,000 à 5 millions de francs; 0,125 o/o
au-dessus; Pau: 1 o/o de 1 à 150,000 fr.; 50 cent. o/o de 150,000 à
500,000 fr.; 25 cent. o/o de 500,000 à 5 millions de francs; 0,125 o/o au-
dessus; Agen, Besançon, Bourges, Chambéry, Grenoble, Rennes:
1 o/o de 1 à 200,000 fr.; 50 cent. o/o de 200,000 à 500.000 fr.; 25 cent. o/o
de 500,000 à 5 millions de francs; 0,125 o/o au-dessus; Toulouse: 1 o/o
de 1 à 300,000 fr.; 50 cent. o/o de 300,000 à 600,000 fr.; 25 cent. o/o de
600,000 à 5 millions de francs; 0,125 o/o au-dessus; Lyon: 1 o/o de 1
à 300,000 fr.; 75 cent. o/o de 300,000 à 600,000 fr.; 50 cent. o/o de
600,000 à 1 million de francs; 25 cent. o/o de 1 million à 5 millions de
francs; 0,125 o/o au-dessus; Seine: 1 o/o de 1 à 300,000 fr.; 50 cent. o/o
de 300,000 à 600,000 fr.; 25 cent. o/o de 600,000 à 1 million de francs;
0,125 o/o de 1 million à 20 millions de francs; 0,0625 o/o au-dessus;
Bordeaux: 1 o/o de 1 à 500,000 fr.; 75 cent. o/o de 500,000 à 1 million
de francs; 50 cent. o/o de 1 à 2 millions de francs; 25 cent. o/o de 2 à
5 millions de francs; 0,125 o/o au-dessus. Sur les sommes payées ou
garanties, augmentées de la moitié du surplus de la créance de la
femme.

Sur reprises en nature: partout 10 cent. o/o.

Minimum: Bastia, Bordeaux, Montpellier, Nîmes, Orléans, Toulouse: 10 fr.; Caen, Chambéry, Douai, Grenoble, Paris, Poitiers,
Rennes, Riom, Rouen: 12 fr.; ailleurs: 15 fr.

Liquidation sans partage, de communauté, société et succession, v.
partage.

Lotissement.

Seine seulement: avec tirage au sort; honoraires comme en matière de partage volontaire ou judiciaire, suivant le cas. Sans tirage
au sort: moitié des honoraires ci-dessus.

Tous autres tarifs, v. tirage au sort.

Louage d'ouvrage et d'industrie, v. bail.

Mainlevée d'écrou ou de saisie.

4 fr. en brevet, 6 fr. en minute, sauf Seine : 4 fr. 50 en brevet, 9 fr. en minute.

Mainlevée d'inscription hypothécaire ou de privilège.

A. *Définitive ou partielle réduisant la créance :* Besançon : 5 cent. º/o; Angers, Bastia, Bordeaux, Bourges, Caen, Dijon, Douai, Lyon, Montpellier, Nancy, Orléans, Poitiers, Rennes, Riom, Rouen, Seine : 10 cent. º/o; Paris, Pau : 15 cent. º/o: Amiens : 20 cent. º/o; Limoges : 20 cent. º/o de 1 à 10,000 fr.; 10 cent. º/o au-dessus; Nîmes: 20 cent. º/o de 1 à 25,000 fr.; 15 cent. º/o de 25,000 à 100,000 fr.; 10 cent. º/o au-dessus; Aix, Chambéry, Grenoble, Toulouse: 25 cent. º/o; Agen : 30 cent. º/o.

Lorsqu'il y a eu une ou plusieurs mainlevées partielles réduisant la créance, l'honoraire pour mainlevée définitive est perçu seulement sur la somme qui restait garantie.

Minimum : Besançon, Bordeaux, Caen, Orléans, Paris : 4 fr.; Amiens, Angers, Bastia, Dijon, Nancy, Riom : 5 fr.; ailleurs : 6 fr.

B. *Réduisant le gage :* Besançon, Caen, Orléans, Poitiers : 4 fr.; Amiens, Paris, 5 fr.; Seine : 9 fr.; ailleurs : 6 fr.

Marché, v. devis.

Mention marginale. — 2 fr.; sauf Seine : 3 fr

Mines et carrières (cession ou exploitation).

Honoraires comme en matière de vente.

Mitoyenneté.

Abandon : Aix, Caen, Chambéry, Grenoble, Lyon, Orléans : 5 fr. Toulouse : 8 fr.; Seine : 9 fr.; autres ressorts : 6 fr.

Cession : Honoraires comme en matière de vente; minimum à Bordeaux, 6 fr.

Convention : Honoraires par rôles de minute; minimum à Bordeaux : 6 fr.

Mutation par décès, v. déclaration de succession.

Nantissement.

Honoraires comme en matière d'affectation hypothécaire.

Nomination de conseil à une mère tutrice, ou de tuteur.

Agen, Bordeaux, Bourges, Montpellier, Pau, Toulouse : 8 fr. ; Seine : 9 fr. ; Chambéry, Grenoble, Limoges, Lyon, Paris, Riom, Rouen : 10 fr. ; Amiens : 12 fr. ; autres ressorts : 6 fr.

Nomination d'exécuteur testamentaire.

Agen, Bordeaux, Bourges, Montpellier, Paris, Pau, Toulouse; 8 fr. ; Seine: 9 fr. ; Limoges, Lyon, Rennes, Rouen : 10 fr.; Amiens : 12 fr.; ailleurs : 6 fr.

Nomination de séquestre, gardien ou dépositaire.

Poitiers : 4 fr. ; Paris, Pau, Toulouse : 8 fr. ; Seine : 9 fr. ; ailleurs : 6 fr.

Notoriété (Acte de).

I. Simple : Poitiers : 5 fr. en brevet, 8 fr. en minute ; Seine : 4 fr. 50 en brevet, 9 fr. en minute ; ailleurs : 4 fr. en brevet, 6 fr. en minute.

II. Complexe : Poitiers : 5 fr. en brevet, 8 fr. en minute ; Nîmes : 6 fr. en brevet, 12 fr. en minute ; Amiens, Angers, Toulouse : 8 fr. en brevet, 10 fr. en minute ; Seine : 9 fr. en brevet, 12 fr. en minute ; autres ressorts : 8 fr. en brevet, 12 fr. en minute.

Obligation.

Bastia : 1 % de 1 à 20,000 fr. ; 50 cent. % de 20,000 à 50,000 fr. ; 25 cent. % au-dessus ; Caen, Montpellier, Riom : 1 % de 1 à 100.000 fr. ; 50 cent. % de 100.000 à 300.000 fr. ; 25 cent. % au-dessus ; Nîmes, Pau, Rouen, 1 % de 1 à 100.000 fr. ; 50 cent. % de 100.000 à 500.000 fr. ; 25 cent. % au-dessus ; Dijon, 1 % de 1 à 100.000 fr. ; 75 cent. % de 100.000 à 200.000 fr. ; 50 cent. % de 200.000 à 300.000 fr. ; 25 cent % au-dessus ; Agen, Aix, Amiens, Chambéry, Douai, Grenoble, Orléans, Rennes, 1 % de 1 à 150.000 fr. ; 50 cent. % de 150.000 à 500.000 fr. ; 25 cent. % au-dessus ; Lyon : 1 % de 1 à 150.000 fr. ; 75 cent. % de 150.000 à 300.000 fr. ; 50 cent. % de 300.000 à 600.000 fr. ; 25 cent. % au-dessus ; Nancy : avec garantie : 1 % de 1 à 150.000 fr. ; 50 cent. % de 150.000 à 500.000 fr. ; 25 cent. % au-dessus ; sans garantie : trois quarts des honoraires ci-dessus ; Angers, Besançon, Bordeaux, Bourges, Limoges, Paris, Toulouse : 1 % de 1 à 200.000 fr. ; 50 cent. % de 200.000 à 500.000 fr. ; 25 cent. % au-dessus ; Poitiers, 1 fr. 25 % de 1 à 5.000 fr. ; 1 % de 5.000 à 100.000 fr. ; 50 cent. de 100.000 à 500.000 ; 25 cent. % au-dessus ; Seine : 1 % de 1 à 500.000 fr. ; 50 cent. % de 500.000 à 2 millions de fr. ; 25 cent. % au-dessus. Pour Seine seulement lorsque les fonds sont remis hors la vue du notaire, moitié des honoraires ci-dessus.

Minimum : 5 fr. partout, sauf Seine.

Ordre amiable (avec ou sans quittance).

Pau : 1 % de 1 à 50.000 fr. ; 50 cent. % au-dessus ; Seine 1 % de 1 à 800.000 fr. ; 50 cent. % de 800.000 à 2 millions de francs ; 25 cent. % au-dessus, sur le montant total des collocations ; autres ressorts honoraires comme en matière de distribution de deniers.

Ouverture de donation éventuelle, ou de testament (V. Contrat de mariage, donation entre époux, testament).

Partage volontaire ou judiciaire.

A. *Avec ou sans liquidation, de communauté, de succession ou de société* : Nîmes : 1 % de 1 à 50.000 ; 60 cent. % de 50.000 à 100.000 fr. ; 30 cent. % de 100.000 à 5 millions de francs ; 0,125 % au-dessus ;

Riom : 1 % de 1 à 50.000 fr. ; 75 cent. % de 50.000 à 100.000 fr. ; 50 cent. % de 100.000 à 300.000 fr. ; 25 cent. % de 300.000 à 5 millions de francs ; 0,125 % au-dessus ; Amiens, Dijon : 1 % de 1 à 100.000 fr, ; 75 cent. % de 100.000 à 200.000 fr. ; 50 cent. % de 200.000 à 500.000 ; 25 cent. % de 500.000 à 5 millions de francs ; 0,125 % au-dessus ; Caen, Montpellier, Nancy, : 1 % de 1 à 100.000 fr. ; 50 cent. % de 100.000 à 300.000 fr. ; 25 cent. % de 300.000 à 5 millions de francs ; 0,125 % au-dessus ; Douai : 1 % de 1 à 100.000 fr. ; 50 cent. % de 100.000 à 400.000 fr. ; 25 cent. % de 400.000 à 5 millions de francs ; 0,125 % au-dessus ; Aix, Angers, Limoges, Orléans, Poitiers, Rouen : 1 % de 1 à 100.000 fr. ; 50 cent. % de 100.000 à 500.000 fr. ; 25 cent. % de 500.000 à 5 millions de francs ; 0,125 % au-dessus ; Pau : 1 % de 1 à 150.000 fr. ; 50 cent. % de 150.000 à 500.000 fr. ; 25 cent. % de 500.000 à 5 millions de francs ; 0,125 % au-dessus ; Agen, Bastia, Besançon, Bourges, Chambéry, Grenoble, Paris, Rennes : 1 % de 1 à 200.000 fr. ; 50 cent. % de 200.000 à 500.000 ; 25 cent. % de 500.000 à 5 millions de francs ; 0,125 % au-dessus ; Lyon : 1 % de 1 à 300.000 fr. ; 75 cent. % de 300.000 à 600.000 fr. ; 50 cent. % de 600.000 à 1 million de francs ; 25 cent. % de 1 million à 5 millions de francs ; 0,125 au-dessus ; Toulouse : 1 % de 1 à 300.000 fr. ; 50 cent. % de 300.000 à 600.000 fr. ; 25 cent. % de 600.000 à 5 millions de francs ; 0,125 au-dessus ; Bordeaux : 1 % de 1 à 500.000 fr. ; 75 cent. % de 500.000 fr. à 1 million de francs ; 50 cent. % de 1 à 2 millions de francs ; 25 cent. % de 2 à 5 millions de francs ; 0,125 % au-dessus. Sur l'actif brut, rapports non compris, déduction faite des legs particuliers.

Seine : *Partage volontaire*, 1 % de 1 à 500.000 fr. ; 50 cent. % de 500.000 francs à 1 million de francs ; 25 cent. % de 1 à 3 millions de francs ; 0,125 % de 3 à 20 millions de francs ; 0,0625 % au-dessus. *Partage judiciaire*, 1 % de 1 à 300.000 fr. ; 50 cent. % de 300.000 à 600.000 fr. ; 25 cent. % de 600.000 à 1 million de francs ; 0,125 % de 1 à 20 millions de francs ; 0,0625 % au-dessus. Les honoraires sont perçus sur l'actif attribué, déduction faite du montant des rapports dûs par les héritiers en vertu d'actes authentiques et de tout le passif autre qué les frais.

Minimum : Bordeaux : 10 fr. ; Montpellier, Nîmes, Orléans : 12 fr. ; Poitiers, 20 fr. Seine non prévu ; autres ressorts : 15 fr.

B. *Liquidation sans partage*. Moitié des honoraires ci-dessus.

Minimum : Bordeaux : 8 fr. ; Agen, Besançon, Dijon, Nîmes, Orléans : 10 fr. ; Aix, Bastia, Caen, Chambéry, Douai, Grenoble, Limoges, Nancy, Paris, Pau, Poitiers, Rennes, Riom, Rouen : 12 fr. ; Amiens, Lyon : 15 fr.

C. *Partage de biens indivis ne provenant pas de communauté, société ou succession*. Agen, Chambéry, Grenoble : 75 cent. % de 1 à

50.000 fr. ; 50 cent. º/o de 50.000 à 500.000 fr. ; 25 cent. º/o au-dessus ;
Bourges : 75 cent. º/o de 1 à 50.000 fr. ; 0,375 º/o au-dessus ; Amiens,
Besançon : 75 cent. º/o de 1 à 100.000 fr. ; 50 cent. º/o de 100.000 à
200.000 fr. ; 25 cent. º/o au-dessus ; Dijon, 75 cent. º/o de 1 à 100.000
fr. ; 50 cent. º/o de 100.000 à 200.000 fr. ; 0,375 º/o au-dessus ; Caen,
Nancy, Orléans : 75 cent. º/o de 1 à 100.000 fr. ; 50 cent. º/o de 100.000
à 300 000 fr. ; 25 cent. º/o au-dessus ; Angers, Limoges, Montpellier :
75 cent. º/o de 1 à 100 000 fr. ; 0,375 º/o au-dessus ; Douai : 75 cent.
º/o de 1 à 100.000 fr. ; 0,375 º/o de 100.000 à 400.000 fr. ; 20 cent. º/o au-
dessus ; Aix, 75 cent. º/o de 1 à 100.000 fr. ; 50 cent. º/o de 100.000 à
500.000 fr. ; 25 cent. º/o au-dessus ; Pau, Rennes : 75 cent. º/o de 1 à
150.000 fr. ; 0,375 º/o au-dessus ; Bordeaux : 75 cent. º/o de 1 à 300.000
fr. ; 50 cent. º/o de 300.000 à 1 million de fr. ; 25 cent. º/o au-dessus ;
Nîmes : 80 cent. º/o de 1 à 50.000 fr. ; 50 cent. º/o de 50.000 à 100.000
fr. ; 25 cent. º/o au-dessus ; Poitiers : 1 º/o de 1 à 5.000 fr. ; 75 cent.
º/o de 5.000 à 50.000 fr. ; 50 cent. º/o de 50.000 à 500.000 fr. ; 25 cent.
º/o au-dessus ; Toulouse : 1 º/o de 1 à 20.000 fr. ; 75 º/o de 20.000 à
100.000 fr. ; 50 cent. º/o au-dessus ; Bastia, Lyon, Paris, Riom, Rouen :
les trois quarts des honoraires perçus en matière de partage de
succession ; Seine : les trois quarts des honoraires perçus en matière
de partage volontaire, sur l'actif brut.

    Minimum : Orléans : 8 fr. ; Douai, Paris : 12 fr. ; Angers, Besançon :
15 fr. ; Seine non prévu ; autres ressorts, 10 fr.

Partage anticipé ou d'ascendant.

    Bastia : 1 º/o de 1 à 10,000 fr. ; 75 cent. º/o de 10,000 à 20.000 fr. ;
50 cent. º/o de 20.000 à 50.000 fr. ; 25 cent. º/o au-dessus ; Caen : 1 º/o
de 1 à 50,000 fr. ; 50 cent º/o de 50,000 à 200,000 fr. ; 25 cent. º/o de
200,000 à 5 millions ; 0.125 º/o au-dessus ; Angers : 1 º/o de 1 à
50,000 fr. ; 50 cent. º/o de 50,000 à 500,000 fr. ; 25 cent. º/o de 500,000
à 5 millions de francs ; 0,125 º/o au-dessus ; Nancy, Riom : 1 º/o de
1 à 50,000 fr. ; 75 cent. º/o de 50,000 à 100,000 fr. ; 50 cent. º/o de
100,000 à 300,000 fr. ; 25 cent. º/o de 300,000 à 5 millions de francs ;
0,125 º/o au-dessus ; Besançon, Douai : 1 º/o de 1 à 100,000 fr. ;
50 cent. º/o de 100,000 à 200,000 fr. ; 25 cent º/o de 200,000 à 5 millions de francs ; 0,125 º/o au-dessus ; Amiens, Dijon, Montpellier ; 1 º/o
de 1 à 100,000 fr. ; 50 cent. º/o de 100,000 à 300,000 fr. ; 25 cent º/o de
300,000 à 5 millions de francs ; 0,125 º/o au-dessus ; Aix, Bourges,
Chambéry, Grenoble, Limoges, Nimes, Orléans, Poitiers, Rouen : 1 º/o
de 1 à 100.000 fr. ; 50 cent. º/o de 100.000 à 500,000 fr. ; 25 cent. º/o de
500.000 à 5 millions de francs ; 0,125 au-dessus ; Pau : 1 º/o de 1 à
150.000 fr. ; 50 cent º/o de 150,000 à 500,000 fr. ; 25 cent. º/o de 500 000
à 5 millions de francs ; 0,125 º/o au-dessus ; Agen, Paris, Rennes,
Toulouse : 1 º/o de 1 à 200,000 fr. ; 50 cent. º/o de 200,000 à 500,000 fr. ;
25 cent. º/o de 500,000 à 5 millions de francs ; 0,125 au-dessus ;

Lyon : 1 % de 1 à 300,000 fr. ; 50 cent. % de 300,000 à 600,000 fr. ;
25 cent. % de 600,000 à 5 millions de francs ; 0,125 au-dessus ;
Bordeaux : 1 % de 1 à 500,000 fr. ; 75 cent. % de 500,000 à 1 million
de francs ; 50 cent % de 1 à 2 millions de francs ; 25 cent. % de 2 à
5 millions de francs ; 0,125 % au-dessus ; Seine : 1 % de 1 à
500,000 francs ; 50 cent. % de 500,000 à 1 million de francs ; 25 cent.
% de 1 à 3 millions de francs ; 0,125 de 3 à 20 millions de francs ;
0,0625 % au-dessus.

Minimum : Angers, Bordeaux, Dijon, Montpellier, Nancy, Poitiers,
Rouen : 10 fr. ; Aix, Amiens, Besançon, Paris, Pau, Rennes : 15 fr. ;
autres ressorts ; 12 fr.

Partage testamentaire.

A. Droit exigible au moment de la rédaction de l'acte : Honoraires
par rôles de minute.

Minimum : 20 fr. ; sauf Nimes : 15 fr.

B. Au décès : Honoraires comme en matière de partage volontaire.

Prêt. (V. obligation.)

Prêt du crédit foncier.

Cette opération, non prévue par le tarif légal, doit être ainsi rému-
nérée : 1° Sur l'acte conditionnel ou promesse de prêt, honoraires
par rôle de minute ; 2° Sur l'acte de réalisation honoraires d'obligation.

Procès-verbal de dires et protestations, de difficultés.

Honoraires par rôles de minute.

Procuration.

Spéciale : 4 fr. en brevet, 6 fr. en minute ; sauf Seine : 4 fr. 50 en
brevet, 9 fr. en minute.

Générale ou à présence réelle : Seine, comme spéciale ; Poitiers :
8 fr. en brevet, 12 fr. en minute ; ailleurs : 6 fr. en brevet, 8 fr. en
minute.

Promesse de vente.

Seine : un quart de l'honoraire perçu en matière de vente ; autres
tarifs : 25 cent. %. Le tout avec imputation sur l'honoraire de vente
si elle se réalise dans la même étude.

Minimum : Bourges : 4 fr. ; Bastia, Douai, Limoges, Nancy, Agen :
6 fr. ; Caen : 8 fr. ; Seine non prévu ; autres ressorts : 5 fr.

Promesse d'égalité, (v. contrat de mariage).

Prorogation de délai.

Bordeaux : 25 cent. % ; Bastia : 50 cent. % de 1 à 5,000 fr. ; 25
cent. % de 5,000 à 10,000 fr ; 0,125 % au-dessus ; Nancy, Nimes,
Poitiers, Rennes : 50 cent. % de 1 à 20,000 fr. ; 25 cent. % au-dessus ;
Angers, Bourges, Orléans : 50 cent. % de 1 à 50,000 fr. ; 25 cent. %

au-dessus ; Caen : 50 cent. º/o de 1 à 50,000 fr.; 30 cent. º/o au-dessus; Riom : 50 cent. º/o de 1 à 50,000 fr.; 25 cent. º/o de 50,000 à 100,000 fr.; 0,125 º/o au-dessus ; Aix, Amiens, Douai, Limoges, Montpellier, Pau, Rouen : 50 cent. º/o de 1 à 100,000 fr.; 25 cent. º/o au-dessus ; Besançon : 50 cent. º/o de 1 à 100,000 fr.; 25 cent. º/o de 100,000 à 200,000 fr.; 0,125 º/o au-dessus; Dijon : 50 cent. º/o de 1 à 100,000 fr.; 0,375 º/o de 100,000 à 200,000 fr.; 25 cent. º/o au-dessus ; Agen, Chambéry, Grenoble : 50 cent. º/o de 1 à 150,000 fr.; 25 cent. º/o de 150,000 à 500,000 fr.; 0,125 º/o au-dessus : Toulouse : 50 cent. º/o de 1 à 200,000 fr.; 25 cent. º/o au-dessus ; Paris : 50 cent. º/o de 1 à 200,000 fr.; 25 cent. º/o de 200,000 à 500,000 fr.; 0,125 º/o au-dessus ; Lyon : 50 cent. º/o de 1 à 300,000 fr.; 0,375 º/o de 300,000 à 500,000 fr.; 25 cent. º/o au-dessus; Seine : 50 cent. º/o de 1 à 500,000 fr.; 25 cent. º/o de 500,000 à 1 million de francs ; 0,125 º/o au-dessus.

Minimum : Bordeaux, Bourges, Caen, Poitiers : 4 fr. ; Agen, Aix, Besançon, Douai, Limoges : 6 fr. ; autres ressorts : 5 fr.

Prorogation de bail.

Honoraires comme en matière de bail sur les années ajoutées à la durée primitive.

Prorogation de société, (v. Société).

Protêt

1º *Protêt simple* : original et copie, 1 fr. 60 ; Droit de copie de l'effet sur l'original et la copie et transcription sur le répertoire 75 cent. ; 2º *Protêt à deux domiciles ou avec besoin* : En plus des droits ci-dessus, pour le second domicile où le besoin 1 fr. ; 3º *Protêt de deux effets* : Emolument du protêt simple 2 fr. 35 ; pour le second effet 75 cent.; 4º *Protêt de perquisition* : original et copie 5 fr.; droit de copies 1 fr. 25 ; les copies du titre 50 cent. ; visa 1 fr.; Transcription du titre au registre et transcription du procès-verbal de perquisition et du protêt, 75 cent. ; 5º *Protêt au parquet* : Emolement du protêt simple 2 fr. 35 ; copie au parquet 60 cent. ; au Tribunal et droit de la copie de titre 1 fr. 50, visa 1 fr. ; 6º *Intervention* : original et copie 2 fr. ; Transcription au registre, 25 cent. ; 7º *Dénonciation de protêt* : original 2 fr. ; copie de l'original, 50 cent. ; copie du billet et copie de protêt, 75 cent. ; copie d'intervention, 25 cent.; copie de compte de retour 25 cent. (Décr. 23 mars 1848) ; 8º *Lettre recommandée*, 25 cent. (L. 22 décembre 1906, c. co. 176.)

Publicité, (v. affiches, dépôt).

Purge légale.

Honoraire par vacation.

Quittance.

A. *Pure et simple ou dans les cas prévus par les articles* 1250 § 2

et 1251 *du Code civil* : Bastia, Rennes : 50 cent. º/o de 1 à 20,000 fr.;
25 cent. º/o au-dessus ; Bourges, Chambéry, Grenoble, Nancy, Orléans, Riom : 50 cent. º/o de 1 à 50,000 fr.; 25 cent. º/o au-dessus ;
Caen : 50 cent. º/o de 1 à 50,000 fr.; 30 cent. º/o au-dessus ; Aix,
Amiens, Angers, Dijon, Douai, Limoges, Montpellier, Poitiers,
Rouen : 50 cent. º/o de 1 à 100,000 fr.; 25 cent. º/o au-dessus ; Besançon : 50 cent. º/o de 1 à 100,000 fr.: 25 cent. º/o de 100,000 à 200,000 fr.;
0,125 º/o au-dessus ; Bordeaux, Toulouse : 50 cent. º/o de 1 à 200,000
fr.; 25 cent. º/o au-dessus ; Paris : 50 cent. º/o de 1 à 200,000 fr.; 25
cent. º/o de 200,000 à 500,000 fr.; 0,125 º/o au-dessus ; Lyon : 50 cent. º/o
de 1 à 300,000 fr.; 0,375 º/o de 300,000 à 500,000 fr.; 25 cent. º/o au-
dessus ; Pau : 60 cent. º/o de 1 à 50,000 fr.; 30 cent. º/o au-dessus ;
Agen : 60 cent. º/o de 1 à 100,000 fr.; 30 cent. º/o au-dessus ; Nîmes :
75 cent. º/o de 1 à 3,000 fr.; 50 cent. º/o de 3,000 à 50,000 fr.; 25 cent. º/o
au-dessus ; Seine : 1º pure et simple ou dans les cas prévus par
l'article 1251 du Code civil : 50 cent. º/o de 1 à 800,000 fr.; 25 cent. º/o
de 800,000 à 1,500,000 fr.; 0,125 º/o au-dessus. Moitié des honoraires
ci-dessus quand la quittance est la conséquence d'un acte reçu par
le même notaire ou un autre notaire du département de la Seine.
2º Dans le cas prévu par l'article 1250, § 2, du Code civil : 25 cent. º/o
de 1 à 800,000 fr.; 0,125 º/o de 800,000 à 1,500,000 fr.; 0,0625 º/o au-
dessus.

Minimum : Besançon, Bordeaux, Bourges, Caen, Nancy, Poitiers :
4 fr.; Aix, Chambéry, Douai, Grenoble, Lyon : 6 fr.; Angers, Seine,
non prévu ; ailleurs : 5 fr.

B. *D'ordre judiciaire.* — Seine : 50 cent. º/o ; Rouen : 50 cent. º/o
de 1 à 100,000 fr.; 25 cent. º/o au-dessus ; Bastia : 75 cent. º/o de 1 à
5,000 fr.; 50 cent. º/o de 5,000 à 30,000 fr.; 25 cent. º/o au-dessus ;
Rennes : 75 cent. º/o de 1 à 20,000 fr.; 0,375 º/o au-dessus ; Nîmes : 75
cent. º/o de 1 à 30,000 fr.; 50 cent. º/o de 30,000 à 50,000 fr.; 25 cent. º/o
au-dessus ; Aix, Angers, Bourges, Caen, Chambéry, Grenoble, Limoges, Pau : 75 cent. º/o de 1 à 50,000 fr.; 50 cent. º/o au-dessus ;
Orléans, Riom : 75 cent. º/o de 1 à 50,000 fr.; 0,375 º/o au-dessus ;
Nancy : 75 cent. º/o de 1 à 50,000 fr.; 50 cent. º/o de 50,000 à 150,000
fr.; 25 cent. º/o au-dessus ; Amiens, Poitiers : 75 cent. º/o de 1 à
100,000 fr.; 50 cent. º/o au-dessus ; Dijon, Douai, Montpellier : 75
cent. º/o de 1 à 100,000 fr.; 0,375 º/o au-dessus ; Besançon : 75 cent. º/o
de 1 à 100,000 fr.; 0,375 º/o de 100,000 à 200,000 fr.; 15 cent. º/o au-
dessus ; Paris : 75 cent. º/o de 1 à 100,000 fr.; 50 cent. º/o de 100,000 à
200,000 fr.; 0,375 º/o au-dessus ; Bordeaux, Toulouse : 75 cent. º/o de
1 à 200,000 fr.; 50 cent. º/o au-dessus ; Lyon : 75 cent. º/o de 1 à
300,000 fr.; 50 cent. º/o de 300,000 à 500,000 fr.; 25 cent. º/o au-dessus ;
Agen : 1 º/o de 1 à 10,000 fr.; 75 cent. º/o au-dessus.

Minimum : Angers, Nîmes, Poitiers, Rouen : 5 fr.; Nancy, Rennes,
Toulouse : 8 fr.; autres ressorts : 6 fr.

6 *

C. *Subrogative* (art. 1250, § 1, du Code civil) : Honoraires comme en matière d'obligation.

Minimum : 5 fr.; sauf Chambéry, Grenoble et Seine : non prévu.

D. *De congément* : Rennes seulement. Honoraires comme en matière de vente.

Rachat par réméré.

Honoraires comme en matière de quittance pure et simple.

Minimum: Besançon : 4 fr.; Montpellier, Paris, Rennes : 5 fr.; ailleurs : non prévu.

Rapport pour minute.

Bastia, Orléans, Poitiers : 4 fr.; Seine : 9 fr.; ailleurs : 6 fr.

Ratification.

4 fr. en brevet, 6 fr. en minute, sauf Seine : 4 fr. 50 en brevet, 9 fr. en minute.

Et, en plus, 2 fr. par chaque partie, en sus de la première, ayant un intérêt distinct et intervenant dans l'acte.

Réalisation de crédit.

Limoges, Poitiers : 4 fr.; Toulouse : 8 fr.; Seine : moitié des honoraires perçus en matière d'obligation ; autres tarifs : 6 fr.

Récépissé de pièces, (V. compte de tutelle).

Recherche (Droit de).

Si l'année est indiquée : 50 cent.; au cas contraire : 1 fr.

Si la recherche a pour objet la délivrance d'une expédition ou la réception d'un acte, l'honoraire n'est pas dû.

Récolement.

Honoraires par vacations, dans toute la France.

Reconnaissance de dot, de reprises, de droits paraphernaux.

Honoraires comme en matières d'apports en mariage.

Minimum : Agen : 5 fr.; Angers : 8 fr.; tous les autres tarifs : 6 fr.

Reconnaissance d'enfant naturel.

Aix, Bastia, Lyon : 15 fr.; Seine : 18 fr.; autres tarifs : 10 fr.

Reconnaissance d'hypothèque.

Agen, Bourges : 4 fr.; Bastia, Caen, Orléans, Toulouse : 5 fr.; Seine : 9 fr.; autres tarifs : 6 fr.

Reconnaissance de dette.

Honoraires comme en matière d'obligation.

Minimum: 5 fr.; sauf Seine : non prévu.

Réduction d'hypothèque (V. mainlevée).

Référé.

Honoraires par vacations, dans toute la France.

Règlement d'indemnité en cas d'expropriation publique.

A. Avant le jugement d'expropriation : Honoraires comme en matière de vente.

B. Après le jugement : Honoraires comme en matière de quittance pure et simple.

Réméré (Vente à).

Honoraires comme en matière de vente, dans toute la France.

Remise de dette.

Honoraires comme en matière de quittance pure et simple.

Renonciation (par acte séparé).

4 fr. en brevet, 6 fr. en minute ; sauf Seine : 4 fr. 50 en brevet, 9 fr. en minute.

Il s'agit de renonciation pure et simple à usufruit légal, legs particulier, retour conventionnel.

Renonciation à hypothèque légale.

A. A la suite d'un acte authentique ou de dépôt, avec reconnaissance d'écriture, d'un acte de vente sous signatures privées : Poitiers : 4 fr.; Toulouse : 8 fr.; Seine : 9 fr.; ailleurs : 6 fr.

B. Dans les autres cas : Moitié de l'honoraire qui aurait été perçu sur l'acte de vente.

Minimum : Aix, Amiens, Angers, Bastia, Besançon, Bordeaux, Bourges, Chambéry : 5 fr.; Seine : non prévu ; tous les autres tarifs : 6 fr.

Représentation.

De présumé absent, de non présent, d'aliéné non interdit : Honoraires par vacations.

Reprise de la vie commune.

Agen, Douai : 6 fr.; Caen, Chambéry, Dijon, Grenoble, Limoges, Nîmes, Orléans, Pau, Rouen : 8 fr.; Poitiers, Toulouse : 12 fr.; Amiens : 15 fr.; Seine : 18 fr.; Aix : 20 fr.; autres tarifs : 10 fr.

Résiliation.

A. De vente dans les vingt-quatre heures : Angers, Nancy : 5 fr.; Seine : 9 fr.; ailleurs : 6 fr.; Après ce délai : Moitié de l'honoraire de l'acte résilié.

Minimum : Agen, Douai, Grenoble, Limoges, Lyon, Montpellier, Nancy, Nîmes, Orléans, Paris, Pau, Poitiers, Rennes, Riom, Rouen, Toulouse : 6 fr.; Angers : 8 fr.

B. De bail : Moitié de l'honoraire de bail, sur les années restant à courir ; *Minimum* : Aix, Amiens, Besançon, Lyon, Nîmes, Riom, 6 fr.; Bordeaux, Douai, Nancy, 4 fr. ; Seine non prévu. Tous les autres tarifs, 5 fr.

C. De contrat de mariage, v. contrat de mariage.

D. De société, v. société.

Rétablissement de communauté.

Amiens, Besançon : 15 fr. ; Nancy : 16 fr. ; Nîmes : 20 fr. ; Seine : 36 fr. ; autres tarifs un cinquième des honoraires du contrat de mariage.

Minimum : Agen, Aix, Bastia, Bordeaux, Bourges, Caen, Chambéry, Dijon, Douai, Grenoble, Limoges, Lyon, Montpellier, Nîmes, Orléans, Paris, Pau, Poitiers, Rennes, Riom, Rouen, Toulouse, 6 fr.; Angers, 8 fr.

Retrait de droits litigieux, d'indivision, successoral.

Honoraires comme en matière de quittance pure et simple.

Révocation de conseil à la mère tutrice.

Agen : 5 fr. ; Orléans, Rouen, Toulouse : 8 fr. ; Seine : 9 fr. ; Chambéry, Grenoble : 10 fr. ; Nimes : 4 fr. en brevet, 8 fr. en minute ; ailleurs 6 fr.

Révocation de donation entre époux.

Agen, Angers, Bastia, Caen, Douai, Montpellier, Nancy, Nîmes, Pau, Poitiers, Riom : 6 fr. ; Aix, Amiens, Besançon, Bordeaux, Bourges, Dijon, Lyon, Orléans, Paris, Rennes, Rouen, Toulouse : 8 fr. ; Seine : 9 fr. ; Chambéry, Grenoble, Limoges : 10 fr.

Révocation de mandat ou de substitution.

Seine : 4 fr. 50 en brevet, 9 fr. en minute ; ailleurs, 4 fr. en brevet, 6 fr. en minute.

Révocation de testament.

Angers, Bastia, Caen, Douai, Nancy, Pau, Poitiers, Riom : 6 fr. ; Seine : 9 fr. ; Chambéry, Grenoble, Limoges : 10 fr. ; autres ressorts; 8 fr.

Rôles de copies. (V. art. 21 du décret).

Rôles de minutes. (V. même article).

Séquestre. (V. Nomination).

Société (Acte de).

I. — Anonyme, en commandite par actions. Limoges, 25 cent. % de 1 à 500.000 fr. ; 0,125 % au-dessus; Pau : 30 cent. % de 1 à 500.000 fr. ; 0,125 % au-dessus; Orléans : 50 cent. % de 1 à 20.000 fr.; 25 cent. % de 20,000 à 500.000 fr. ; 0,125 % au dessus ; Angers, Bastia, Poitiers : 50 cent. % de 1 à 50,000 fr. ; 25 cent. % de 50,000 à 500,000 fr. ; 0,125 % au-dessus ; Rouen : 50 cent. % de 1 à 50,000 fr.; .25 cent. % de 50.000 à 1 million de francs ; 0,125 % au-dessus; Agen, Chambery, Grenoble, Paris : 50 cent. % de 1 à 200,000 fr.; 25 cent. % de 200,000 à 500,000 fr. ; 0,125 au-dessus ; Bordeaux, Toulouse : 50 cent. % de 1 à 300,000 fr. ; 25 cent. % de 300,000 à 1 million de francs ; 0,125 % au-dessus; Nîmes : 1 % de 1 à 5,000 fr.; 50 cent. % de 5,000 à 50,000 fr. ; 25 cent. % de 50,000 à 500,000 fr. ;

0,125 au-dessus; Caen : 1 o/o de 1 à 10,000 fr. ; 50 cent. o/o de 10,000 à 30,000 fr. ; 25 cent. o/o de 30,000 à 500,000 fr., 0,125 o/o au-dessus ; Douai : 1 o/o de 1 à 10,000 fr. ; 50 cent. o/o de 10,000 à 50,000 fr. ; 25 cent. o/o de 50,000 à 200,000 fr. ; 0,125 o/o au-dessus ; Besançon, Bourges : 1 o/o de 1 à 10,000 fr. ; 50 cent o/o de 10,000 à 50,000 fr. ; 25 cent. o/o de ¡50,000 à 500.000 fr. ; 0,125 o/o au-dessus ; Riom : 1 o/o de 1 à 10,000 fr.; 75 cent. o/o de 10,000 à 50,000 fr. ; 50 cent. o/o de 50.000 à 100,000 fr. ; 25 cent. o/o de 100,000 à 500,000 fr. ; 0,125 o/o au-dessus ; Nancy : 1 o/o de 1 à 20,000 fr. ; 50 cent. o/o de 20,000 à 100,000 fr. ; 25 cent. o/o de 100,000 à 300,000 fr. ; 0,125 o/o au-dessus ; Aix, Montpellier : 1 o/o de 1 à 30,000 fr. ; 50 cent. o/o de 30,000 à 100,000 fr.; 25 cent. o/o de 100,000 à 500.000 fr.; 0,125 o/o au-dessus ; Dijon : 1 o/o de 1 à 50,000 fr.; 50 cent. o/o de 50,000 à 200,000 fr. ; 25 cent. o/o de 200,000 à 500.000 fr.; 0,125 o/o au-dessus ; Lyon : 1 o/o de 1 à 50,000 fr. ; 50 cent. o/o de 50,000 à 200,000 fr.; 25 cent. o/o de 200,000 à 1 million de francs ; 10 cent. o/o au-dessus; Amiens : 1 o/o de 1 à 50,000 fr. ; 50 cent. o/o de 50,000 à 300,000 fr. ; 25 cent. o/o de 300,000 à 500,000 fr. ; 0,125 o/o au-dessus ; Rennes : 1 o/o de 1 à 100,000 fr. ; 50 cent. o/o de 100,000 à 200,000 fr. ; 25 cent. o/o de 200.000 à 500,000 fr. ; 0,125 o/o au-dessus ; Seine : 50 cent, o/o de 1 à 500.000 fr. ; 25 cent. o/o de 500,000 à 1 million de francs ; 0,125 o/o de 1 à 3 millions de francs ; 0,0625 o/o au-dessus.

Minimum : Aix : 8 fr. ; Amiens : 10 fr. ; Angers : 12 fr. ; Agen, Nancy : 15 fr. ; Bourges et Seine non prévu ; autres tarifs, 20 fr.

II. *Déclaration de souscription du capital social.* A. Si l'acte de société a été reçu dans l'étude : Agen : 5 fr. ; Aix : 6 fr. ; Bastia : 15 fr.; autres ressorts, 20 fr. B. Dans le cas contraire (acte sous seing privé ou dans une autre étude) : Agen, Aix, Angers, Nancy, Paris, Poitiers, Seine, Toulouse : honoraire entier qui aurait été perçu sur l'acte de société ; ailleurs moitié de l'honoraire.

III. *Sociétés en nom collectif, en commandite simple, civile, etc.* Bourges : 1 o/o de 1 à 10.000 fr. ; 50 cent o/o de 10.000 à 50.000 fr.; 25 cent. o/o au-dessus ; Nancy : 50 cent o/o de 1 à 50.000 fr. ; 25 cent. o/o de 50,000 à 300,000 fr. ; 0,125 o/o au-dessus ; Nîmes : 1 o/o de 1 à 5,000 fr. ; 50 cent. o/o de 5,000 à 50,000 fr. ; 25 cent. o/o au-dessus ; Rouen : 50 cent. o/o de 1 à 50,000 fr. ; 10 cent. o/o de 50,000 à 1 million de francs ; 0,05 o/o au-dessus ; Seine : 50 cent. o/o de 1 à 100,000 fr. ; 25 cent. o/o de 100,000 à 1 million de francs ; 0,125 o/o de 1 à 3 millions de francs ; 0,0625 o/o au-dessus ; Amiens, 50 cent. o/o de 1 à 100,000 fr. ; 25 cent. o/o de 100,000 à 500,000 fr. ; 0,125 o/o au-dessus, sur sociétés en nom collectif; autres tarifs même honoraire que pour société par actions.

Minimum : Aix : 8 fr.; Angers, Rouen : 12 fr. ; Agen, Bourges, Nancy, Orléans : 15 fr. ; autres ressorts : 20 fr.

IV. Prorogation de société. Bordeaux : 15 cent. % et honoraire entier sur les nouveaux apports; Limoges : 25 cent. % de 1 à 50,000 fr.; 0.125 % au-dessus ; sur les nouveaux apports, s'il y en a, honoraires comme pour acte de société ; Seine : moitié des honoraires perçus sur l'acte de société ; autres tarifs moitié des honoraires de l'acte de société, et honoraire entier sur les nouveaux apports.

Minimum : Angers : 12 fr. ; Toulouse, 20 fr. ; autres tarifs non prévu.

V. Dissolution de société. Amiens : 6 fr. ; Aix, Nancy : 8 fr. ; Seine : 9 fr.; Bastia, Montpellier, Nîmes, Pau, Toulouse : 10 fr.; Paris : 15 fr. ; Rennes : 18 fr. ; Chambéry, Grenoble : 20 fr. ; autres tarifs, 12 fr. ; sous réserve du cas où ii y a lieu à honoraire proportionnel à raison des conventions que renferme l'acte.

Sous-bail.

Honoraires comme en matière de bail, sur le temps à courir.

Substitution de pouvoirs.

Seine : 4 fr. 50 en brevet, 9 fr. en minute ; autres tarifs : 5 fr. en brevet, 6 fr. minute.

Testament mystique.

A. *Acte de suscription* : Seine : 36 fr. ; autres tarifs : 20 fr. ;

B. *Présentation au président et retrait* : Seine 18 fr. ; autres tarifs 8 fr.

C. *Sur les dispositions du testament au décès* : honoraires comme en matière de testament authentique.

Testament olographe.

Présentation au président du tribunal et retrait : Seine : 18 fr. ; Besançon : 6 fr. ; ailleurs, 8 fr.

Acte de dépôt, s'il y a lieu : Poitiers : 4 fr. ; ailleurs 6 fr., sauf Seine, non prévu.

Sur les dispositions du testament : moitié des honoraires alloués en matière de testament authentique.

Testament public ou authentique

A. *Droit fixe exigible lors de la rédaction de l'acte.*

A l'étude : Montpellier : 6 fr. ; Agen, Caen, Nîmes, Pau : 8 fr. : Aix, Bastia, Besançon, Dijon, Limoges, Lyon, Rennes, Rouen : 10 fr. ; Amiens, Angers, Bordeaux, Bourges, Chambéry, Douai, Grenoble, Nancy, Orléans, Paris, Poitiers, Riom, Toulouse : 12 fr. ; Seine : 36 fr.

Hors l'étude : Montpellier, Nimes, : 10 fr. ; Agen, Pau : 12 fr. ; Aix, Bastia, Besançon, Caen, Dijon, Limoges, Lyon, Nancy, Paris, Poitiers, Rennes, Rouen, Toulouse : 15 fr. ; Amiens, Angers, Bordeaux, Bourges, Chambéry, Douai, Grenoble, Orléans, Riom : 18 fr. ; Seine, 36 fr.

La nuit : Agen, Amiens, Caen, Limoges, Montpellier, Nîmes, Pau,

Rouen : 20 fr. ; Aix, Bastia, Besançon, Dijon, Lyon, Nancy, Paris, Poitiers, Rennes, Toulouse : 25 fr. ; Angers, Bordeaux, Bourges, Chambéry, Douai, Grenoble, Orléans, Riom : 30 fr. ; Seine : 36 fr.

B. *Droit dû au décès du testateur sur les dispositions contenues dans le testament, ou mieux sur l'actif net recueilli par chaque légataire* :

En ligne directe et entre époux : Bastia : 1 % de 1 à 10,000 fr. ; 75 cent. % de 10,000 à 20,000 fr. ; 50 cent. % de 20,000 à 50,000 fr. ; 25 cent. % au-dessus ; Angers, Orléans : 1 % de 1 à 50,000 fr. ; 50 cent. % de 50,000 à 500,000 fr. ; 25 cent. % au-dessus ; Douai : 1 % de 1 à 50,000 fr. ; 50 cent. % de 50,000 à 100,000 fr. ; 25 cent. % au-dessus ; Riom : 1 % de 1 à 50,000 fr. ; 75 cent. % de 50,000 à 100,000 fr. ; 50 cent. % de 100,000 à 300,000 fr. ; 25 cent. % au-dessus ; Caen : 1 % de 1 à 50,000 fr. ; 50 cent. % de 50,000 à 200,000 fr. ; 25 cent. % au-dessus ; Amiens, Besançon, Dijon, Montpellier : 1 % de 1 à 100,000 fr. ; 50 cent. % de 100,000 à 300,000 fr. ; 25 cent. % au-dessus ; Aix, Bourges, Chambéry, Grenoble, Limoges, Nîmes, Pau, Poitiers, Rouen : 1 % de 1 à 100,000 fr. ; 50 cent. % de 100,000 à 500,000 fr. ; 25 % cent. % au-dessus ; Agen, Bordeaux, Nancy, Paris, Rennes, Toulouse : 1 % de 1 à 200,000 fr. ; 50 cent. % de 200,000 à 500,000 fr. ; 25 cent. % au-dessus ; Lyon : 1 % de 1 à 300,000 fr. ; 50 cent. % de 300,000 à 600,000 fr. ; 25 cent. % au-dessus ; Seine : 50 cent. % jusqu'à 1 million de francs ; 25 cent. % de 1 à 3 millions ; 0,125 % au-dessus.

En ligne collatérale : Bastia, Seine, même honoraire qu'en ligne directe ; Caen, Orléans : 1 % de 1 à 100,000 fr.; 50 cent. % au-dessus ; Douai : 1 % de 1 à 100,000 fr. ; 50 cent. % de 100,000 à 200,000 fr ; 25 cent. % au-dessus ; Amiens, Montpellier : 1 % de 1 à 100,000 fr. ; 50 cent. % de 100,000 à 300,000 fr. ; 25 cent. % au-dessus ; Pau, Rouen, 1 % de 1 à 100,000 fr. ; 50 cent. % de 100,000 à 500,000 fr. ; 25 cent. % au-dessus ; Agen, Angers, Bordeaux, Paris : 1 % de 1 à 200,000 fr. ; 50 cent. % de 200,000 à 500,000 fr. ; 25 cent. % au-dessus ; Toulouse : 1,25 % de 1 à 50,000 fr. ; 1 % de 50,000 à 200,000 fr. ; 50 cent. % au-dessus ; Rennes : 1,25 % de 1 à 100,000 fr. ; 75 cent. % de 100,000 à 200,000 fr. ; 50 cent. % au-dessus ; Limoges : 1,25 % de 1 à 100,000 fr. ; 1 % de 100,000 à 200,000 fr. ; 50 cent. % au-dessus ; Poitiers : 1,25 % de 1 à 100,000 fr. ; 1 % de 100,000 à 200,000 fr. ; 75 cent. % de 200,000 à 500,000 fr. ; 50 cent. % au-dessus ; Nancy, 1,25 % de 1 à 200,000 fr. ; 50 cent. % de 200,000 à 500,000 fr. ; 25 cent. % au-dessus ; Besançon : 1,25 % de 1 à 100,000 fr. ; 75 cent. % de 100,000 à 300,000 fr. ; 25 cent. % au-dessus ; Nîmes : 1,50 % de 1 à 50,000 fr. ; 1 % de 50,000 à 100.000 fr. ; 50 cent. % au-dessus ; Chambéry, Grenoble : 1,50 % de 1 à 100,000 fr. ; 1 % de 100,000 à 200,000 fr. ; 50 cent. % au-dessus ; Aix, Bourges : 1,25 % de 1 à 50,000 fr. ; 1 %

de 50,000 à 100,000 fr. ; 50 cent. º/o au-dessus ; Riom : 1,25 º/o de 1 à
50,000 fr. ; 75 cent. º/o de 50,000 à 100,000 fr. ; 50 cent. º/o au-dessus;
Dijon : 1,25 º/o de 1 à 100,000 fr. ; 50 cent. º/o au-dessus ; Lyon :
1,25 º/o 1 à 300,000 fr. ; 75 cent. º/o de 300,000 à 600,000 fr. ; 50 cent.
º/o au-dessus.

Entre étrangers : Aix, Riom : 1,50 º/o de 1 à 50,000 fr. ; 1 º/o de
50,000 à 100,000 fr. ; 50 cent. º/o au-dessus ; Bourges : 1,25 º/o de 1 à
100,000 fr. ; 50 º/o au-dessus ; Dijon, 1,50 º/o de 1 à 100.000 fr. ; 75
cent. º/o de 100.000 à 300.000 fr. ; 50 cent. º/o au-dessus ; Lyon : 1,50
º/o jusqu'à 300,000 fr. ; 1 º/o de 300,000 à 600,000 fr. ; 50 cent. º/o au-
dessus ; autres ressorts, mêmes honoraires que pour la ligne
collatérale.

A défaut d'acte établissant la valeur vénale des biens légués, on
doit suivre les chiffres de la déclaration de succession.

Minimum : Aix : 8 fr. ; Agen : 12 fr. Pas de minimum indiqués
pour les autres ressorts.

Tirage au sort de lots.

Moitié des honoraires perçus en matière de partage, mais seulement dans le cas où cette opération est la seule pour laquelle le
notaire a été commis.

Minimum : Bastia : 8 fr. ; Seine non prévu ; autres tarifs : 10 fr.

Titre nouvel.

Moitié des honoraires perçus sur le titre originaire.

Minimum : 5 fr. ; Seine, pas de minimum.

Transaction.

Cet acte donne ouverture à l'honoraire spécial de la convention à
laquelle il aboutit et, de plus, s'il y a lieu, à un honoraire particulier
réglé d'après les difficultés de l'affaire et les soins donnés à sa
conclusion. A défaut de règlement amiable, la taxe en est faite par
le président du tribunal civil, conformément à l'article 2 de la loi du
20 juin 1896.

Translation d'hypothèque.

A. *Portant sur la totalité du gage* : Honoraires comme en
matière d'affectation hypothécaire.

B. *Partielle* : Mêmes honoraires, perçus sur une somme qui sera
fixée eu égard au montant de la créance, en tenant compte du
rappport existant entre la valeur des biens dégrevés et celle de la
totalité du gage.

Minimum : Bordeaux, Montpellier, Rennes, Toulouse : 5 fr. ;
Seine non prévu ; ailleurs 6 fr.

Transport de créances.

Honoraires comme en matière d'obligation.

Minimum : 5 fr. ; sauf Seine : non prévu.

Transport de droits litigieux et successifs.

Honoraires *comme en matière de vente.*

Tuteur (V. nomination).

Usufruit (Cession ou don d').

Honoraires comme en matière de vente ou de donation suivant le cas.

Vente par adjudication judiciaire ou volontaire de créances, de droits incorporels (Cahier des charges compris).

Poitiers : 1 fr. 25 % de 1 à 10,000 fr.; 1 % de 10,000 à 50,000 fr.; 50 cent. % de 50,000 à 100,000 fr.; 25 cent. % au-dessus; Agen : 1 fr. 25 % de 1 à 10,000 fr.; 1 % de 10,000 à 300,000 fr.; 50 cent. % au-dessus; Limoges : 1 fr. 25 % de 1 à 25,000 fr.; 1 % de 25,000 à 50,000 fr.; 50 cent. % de 50,000 à 100,000 fr.; 25 cent. % au-dessus ; Bordeaux, Toulouse : 1 fr. 50 % de 1 à 10,000 fr.; 75 cent. % au-dessus ; Bastia : 1 fr. 50 % de 1 à 10,000 fr.; 1 % de 10,000 à 50,000 fr.; 50 cent. % au-dessus ; Orléans : 1 fr. 50 % de 1 à 10,000 fr.; 1 % de 10,000 à 300,000 fr.; 50 cent. % au-dessus ; Caen, Rouen : 1 fr. 50 % de 1 à 20,000 fr.; 1 % de 20,000 à 100,000 fr.; 50 cent. % au-dessus ; Aix : 1 fr. 50 % de 1 à 30,000 fr.; 1 % de 30,000 à 150,000 fr.; 50 cent. % au-dessus ; Chambéry, Grenoble : 1 fr. 50 % de 1 à 100,000 fr.; 50 cent. % au-dessus ; Besançon : 1 fr. 50 % de 1 à 100,000 fr.; 75 cent. % de 100,000 à 200,000 fr.; 0,375 % au-dessus ; Riom : 2 % de 1 à 5,000 fr.; 1 % de 5,000 à 50,000 fr.; 75 cent. % de 50,000 à 100,000 fr.; 50 cent. % au-dessus ; Nancy : 2 % de 1 à 10,000 fr.; 1 fr. 50 % de 10,000 à 50,000 fr.; 1 % de 50,000 à 300,000 fr.; 50 cent. % au-dessus ; Nîmes : 2 % de 1 à 10,000 fr.; 1 % de 10,000 à 50,000 fr.; 50 cent. % de 50,000 à 100,000 fr.; 30 cent. % au-dessus ; Montpellier, Pau : 2 % de 1 à 10,000 fr ; 1 % de 10,000 à 100,000 fr.; 50 cent. % au-dessus ; Lyon : 2 % de 1 à 10,000 fr.; 1 fr. 50 % de 10,000 à 100,000 fr.; 1 % de 100,000 à 300,000 fr.; 50 cent. % au-dessus ; Angers : 2 % de 1 à 20,000 fr. ; 1 fr. 50 % au-dessus ; Seine : 2 % de 1 à 20,000 fr.; 1 % de 20,000 à 100,000 fr.; 50 cent. % au-dessus ; Dijon, Rennes : 2 % de 1 à 20,000 fr.; 1 fr. 50 % de 20,000 à 100,000 fr.; 1 % de 100,000 à 300,000 fr.; 50 cent. % au-dessus ; Paris : 2 % de 1 à 50,000 fr.; 1 % de 50,000 à 300,000 fr.; 50 cent. % au-dessus ; Bourges : 2 % de 1 à 100,000 fr.; 1 fr. 50 % de 100,000 à 150,000 fr.; 1 % de 150,000 à 300,000 fr.; 50 cent. % au-dessus ; Amiens, Douai : 2 % de 1 à 100,000 fr.; 1 % de 100,000 à 300,000 fr.; 50 cent. % au-dessus.

Minimum : Agen : 6 fr.; Bordeaux : 15 fr.; Pas de minimum fixé pour les autres ressorts.

Vente par adjudication, judiciaire ou volontaire, de fonds de commerce.

Même tarif que pour les ventes par adjudication de créances et droits incorporels, sauf :

Amiens, Bourges, Nîmes, Pau, Rennes : 50 cent. % seulement sur la valeur des marchandises ; Angers, Orléans : 1 % de 1 à 20,000 fr.; 50 cent. % au-dessus ; Caen : 1 fr. 50 % de 1 à 20,000 fr.; 50 cent. % au-dessus ; Paris : 1 % de 1 à 50,000 fr.; 50 cent. % de 50,000 à 300,000 fr.; 25 cent. % au-dessus, sur la valeur des marchandises.

Vente par adjudication, judiciaire ou volontaire, de mines et carrières.

Limoges : 1 fr. 25 % jusqu'à 25,000 fr.; 1 % de 25,000 à 50,000 fr.; 50 cent. % de 50,000 à 100,000 fr.; 25 cent. % au-dessus ; Riom : 2 % de 1 à 5,000 fr.; 1 % de 5,000 à 50,000 fr.; 75 cent. % de 50,000 à 100,000 fr.; 50 cent. % au-dessus.

Le tout, cahier des charges compris.

Dans les autres tarifs, non prévu.

Vente par adjudication, judiciaire ou volontaire, de navires et de bateaux.

Douai : 2 % de 1 à 100,000 fr.; 1 % de 100,000 à 300,000 fr.; 50 cent. % au-dessus ; Limoges : comme vente de mines et carrières par adjudication, cahier des charges compris.

Autres tarifs, comme vente par adjudication de meubles.

Vente par adjudication de fruits et récoltes pendants par racines, de coupes de bois taillis, de futaies aménagées et non aménagées et de tourbages.

Seine comme adjudication judiciaire de meubles ; partout ailleurs : 2 % de 1 à 10.000 fr. ; 25 cent. % au-dessus. Minimum : 6 fr. En cas de recouvrement opéré par le notaire : 1° sur le montant des sommes recouvrées (Décret 5 novembre 1851).

Vente par adjudication de meubles et objets mobiliers, d'arbres au détail et de bateaux.

Toute la France 6 % (loi 18 juin 1843), sauf Seine comme adjudication judiciaire de meubles.

Vente par adjudication judiciaire de meubles.

Seine : 2 % de 1 à 20,000 fr. ; 1 % de 20,000 à 100,000 fr. ; 50 cent. % au-dessus, indépendamment des honoraires qui peuvent être dus à l'avoué.

Autres tarifs, comme vente par adjudication de meubles.

Vente par adjudication judiciaire d'immeubles.

1 % de 1 à 10.000 fr. ; 50 cent. % de 10,000 à 50,000 fr.; 25 cent. % de 50,000 à 100,000 fr. ; 0,125 % au-dessus (ordonnance 10 octobre 1841, art. 14), sauf les dégrèvements prévus par la loi du 23 octobre 1884 pour les ventes judiciaires ne dépassant pas 2,000 fr.

L'honoraire est perçu sur le prix de chaque lot séparément lorsque les lots sont composés d'immeubles distincts.

Vente par adjudication volontaire d'immeubles (Cahier des charges compris).

Bastia : 1 fr. 50 % de 1 à 10,000 fr.; 1 % de 10,000 à 50,000 fr.; 50 cent. % au-dessus ; Limoges : 1 fr. 50 % de 1 à 25,000 fr.; 1 % de 25,000 à 500,000 fr.; 50 cent. % au-dessus ; Aix : 1 fr. 50 % de 1 à 30,000 fr.; 1 % de 30,000 à 150,000 fr.; 50 cent. % au-dessus ; Poitiers : 2 % de 1 à 5,000 fr.; 1 fr. 50 % au-dessus ; Riom : 2 % de 1 à 5,000 fr.; 1 % de 5,000 à 50,000 fr.; 75 cent. % de 50,000 à 100,000 fr.; 50 cent. % au-dessus ; Nîmes : 2 % de 1 à 10,000 fr.; 1 % de 10,000 à 50,000 fr.; 50 cent. % au-dessus ; Montpellier, Pau : 2 % de 1 à 10,000 fr.; 1 % de 10,000 à 100,000 fr.; 50 cent. % au-dessus ; Lyon : 2 % de 1 à 10,000 fr.; 1 fr. 50 % de 10,000 à 100,000 fr.; 1 % de 100,000 à 300,000 fr.; 50 cent. % au-dessus ; Caen : 2 % de 1 à 10,000 fr.; 1 fr. 50 % de 10,000 à 100,000 fr.; 1 % de 100,000 à 500,000 fr.; 50 cent. % au-dessus ; Agen, Toulouse : 2 % de 1 à 10,000 fr.; 1 % de 10,000 à 300,000 fr.; 50 cent. % au-dessus ; Bordeaux : 2 % de 1 à 10,000 fr.; 1 fr. 50 % de 10,000 à 500,000 fr.; 1 % de 500,000 à 1 million de francs ; 50 cent. % au-dessus ; Rennes : 2 % de 1 à 20,000 fr.; 1 fr. 50 % de 20,000 à 100,000 fr.; 1 % de 100,000 à 500,000 fr.; 50 cent. % au-dessus ; Dijon : 2 % de 1 à 20,000 fr.; 1 fr. 50 % de 20,000 à 100,000 fr.; 1 % de 100,000 à 500,000 fr.; 50 cent. % au-dessus ; Angers : 2 % de 1 à 20,000 fr.; 1 fr. 50 % de 20,000 à 500,000 fr.; 1 % de 500,000 à 1 million de francs ; 50 cent. % au-dessus ; Besançon : 2 % de 1 à 30,000 fr.; 1 fr. 50 % de 30,000 à 100,000 fr.; 1 % de 100,000 à 500,000 fr.; 50 cent. % au-dessus ; Chambéry, Grenoble : 2 fr. 50 % de 1 à 5,000 fr.; 1 fr. 50 % de 5,000 à 20,000 fr.; 1 % de 20,000 à 100,000 fr.; 50 cent. % au-dessus ; Bourges : 2 fr. 50 % de 1 à 5,000 fr.; 2 % de 5,000 à 50,000 fr.; 1 % de 50,000 à 500,000 fr.; 50 cent. % au-dessus ; Nancy : 2 fr. 50 % de 1 à 10,000 fr.; 2 % de 10,000 à 50,000 fr.; 1 fr. 50 % de 50,000 à 100,000 fr.; 1 % de 100,000 à 500,000 fr.; 50 cent. % au-dessus ; Rouen : 2 fr. 50 % de 1 à 10,000 fr.; 2 % de 10,000 à 50,000 fr.; 1 % de 50,000 à 150,000 fr.; 50 cent. % au-dessus ; Orléans : 3 % de 1 à 5,000 fr.; 2 % de 5,000 à 50,000 fr.; 1 fr. 50 % de 50,000 à 100,000 fr.; 1 % de 100,000 à 500,000 fr.; 50 cent. % au-dessus ; Amiens : 3 % de 1 à 25,000 fr.; 2 fr. 50 % de 25,000 à 50,000 fr.; 2 % de 50,000 à 100,000 fr.; 1 % de 100,000 à 500,000 fr.; 50 cent. % au-dessus ; Douai : 3 fr. 50 % de 1 à 10,000 fr.; 3 % de 10,000 à 25,000 fr.; 2 fr. 50 % de 25,000 à 50,000 fr.; 2 % de 50,000 à 100,000 fr.; 1 % de 100,000 à 500,000 fr.; 50 cent. % au-dessus ; Paris : 3 fr. 50 % de 1 à 5,000 fr.; 3 % de 5,000 à 25,000 fr.; 2 fr. 50 % de 25,000 à 50,000 fr.; 2 % de 50,000 à 100,000 fr.; 1 % de 100,000 à 500,000 fr.; 50 cent. % au-dessus.

Seine: I. *A la Chambre des notaires* : 1 fr. 50 % jusqu'à 1 million de francs; 1 % de 1 à 2 millions de francs ; 75 cent. % de 2 à 6 millions de francs ; 50 cent. % au-dessus. Lorsque l'adjudication n'a pas lieu, il n'est rien dû pour le cahier des charges. Si l'adjudication est prononcée au profit d'un colicitant: 1 fr. 25 % jusqu'à 1 million de francs; 75 cent. % de 1 à 2 millions de francs; 50 cent. % au-dessus. — II. *Vente partout ailleurs qu'à la Chambre des notaires :* 1° *Terrain de culture :* 4° % de 1 à 3,000 fr. ; 3 % de 3,000 à 20,000 fr. ; 2 % de 20,000 à 50,000 fr. ; 1 % de 50,000 à 100,000 fr. ; 50 cent. % au-dessus. 2° *Terrain à bâtir :* 3 % de 1 à 20,000 fr. ; 2% de 20,000 à 50,000 fr. ; 1 % de 50,000 à 200,000 fr. ; 50 cent. % au-dessus. 3° *Autres immeubles ou maisons :* 2 % de 1 à 200,000 fr. ; 1 % de 200,000 à 600,000 fr. ; 50 cent. % au-dessus.

L'honoraire est perçu dans toute adjudication séparément sur le prix de chaque lot. Le même honoraire est dû lorsque la vente est réalisée de gré à gré dans les quatre mois devant le notaire qui a fait la tentative d'adjudication.

Minimum : Rennes, 5 fr. ; Angers : 15 fr.

L'indication d'un forfait destiné à acquitter l'ensemble des frais est licite (Cir. min. just. 7 juin 1901).

Vente d'immeubles de gré à gré.

Bastia : 1 % de 1 à 20,000 fr. ; 50 cent. % de 20,000 à 100,000 fr. ; 25 cent. % au-dessus ; Riom : 1 % de 1 à 50,000 fr. ; 75 cent. % de 50,000 à 100,000 fr. ; 50 cent. % de 100,000 à 300,000 fr. ; 25 cent. % au-dessus ; Besançon : 1 % de 1 à 100,000 fr. ; 50 cent. % de 100,000 à 200,000 fr. ; 25 cent. % au-dessus ; Dijon : 1 % de 1 à 100,000 fr. ; 75 cent. % de 100,000 à 200,000 fr. ; 50 cent. % de 200.000 à 300,000 fr. ; 25 cent. % au-dessus ; Amiens, Caen, Chambéry, Grenoble, Montpellier, Nancy, Nimes, Orléans : 1 % de 1 à 100,000 fr. ; 50 cent. % de 100,000 à 300,000 fr. ; 25 cent. % au-dessus ; Pau, Rouen : 1 % de 1 à 100,000 fr. ; 50 cent. % de 100,000 à 500,000 fr. ; 25 cent. % au-dessus ; Bourges : 1 % de 1 à 150,000 fr. ; 50 cent. % de 150,000 à 300,000 fr. ; 25 cent. % au-dessus ; Aix : 1 % de 1 à 150,000 fr. ; 50 cent. % de 150,000 à 500,000 fr. ; 25 cent. % au-dessus ; Agen, Angers, Douai, Limoges, Paris, Rennes, Toulouse : 1 % de 1 à 200,000 fr. ; 50 cent. % de 200,000 à 500,000 fr. ; 25 cent. au-dessus ; Poitiers : 1 % de 1 à 200,000 fr. ; 50 cent. % de 200,000 à 400,000 fr. ; 25 cent. % au-dessus : Bordeaux : 1 % de 1 à 300,000 fr. ; 50 cent. % de 300,000 à 600,000 fr. ; 25 cent. % au-dessus ; Lyon : 1 % de 1 à 300,000 fr. 75 cent. % de 300,000 à 500,000 fr. ; 50 cent. % de 500,000 à 1 million de francs ; 25 cent. % au-dessus ; Seine : 1 % de 1 à 800,000 fr. ; 50 cent. % de 800,000 fr. à 1,500,000 fr. ; 25 cent. % de 1,500,000 à 3 millions de francs ; 0,125 % au-dessus.

Minimum : 5 fr., moins Seine, non prévu.

Vente de gré à gré de bois taillis, futaies, fruits et récoltes.

Nancy et Seine, comme vente mobilière de gré à gré ; autres tarifs, comme ventes d'immeubles de gré à gré.

Vente mobilière de gré à gré.

Nancy : 50 cent. % de 1 à 100,000 fr. ; 25 cent. % au-dessus ; Seine : 1 % de 1 à 20,000 fr. ; 50 cent. % de 20,000 à 100,000 fr. ; 25 cent. % au-dessus ; autres tarifs comme vente d'immeubles de gré à gré.

Vente de gré à gré d'actions commerciales et industrielles et autres droits incorporels.

Douai : 50 cent. % de 1 à 50,000 fr. ; 25 cent. % au-dessus. Seine comme vente mobilière de gré à gré ; autres tarifs comme vente d'immeubles de gré à gré.

Vente de gré à gré de fonds de commerce.

Amiens, Bourges : 50 cent. % sur la valeur des marchandises ; Rennes : 50 cent. % de 1 à 50,000 fr. ; 25 cent. % au-dessus, sur la valeur des marchandises ; Nancy : 50 cent. % de 1 à 100,000 fr. ; 25 cent. % au-dessus ; Angers, Limoges, Orléans, Poitiers : 1 % de 1 à 20,000 fr. ; 50 cent. % au-dessus ; Douai : 1 %, mais 50 cent. seulement sur la valeur des marchandises ; Paris : 1 % de 1 à 200.000 fr. ; 50 cent. de 200,000 à 500,000 fr. ; 25 cent. % au-dessus ; mais sur la valeur des marchandises, moitié des honoraires ci-dessus. Seine, comme vente mobilière de gré à gré ; ailleurs comme vente d'immeubles de gré à gré.

Vente de gré à gré d'offices ministériels.

Bordeaux : 50 cent. % ; Limoges comme vente d'immeubles de gré à gré. Autres tarifs non prévu, donc : Seine comme vente mobilière de gré à gré ; autres ressorts, comme vente de gré à gré de droits incorporels.

Vente de gré à gré de navires.

Douai, Rouen : 25 cent. % ; Bordeaux, Rennes : 50 cent. % ; Bastia, Limoges, même tarif que vente d'immeubles de gré à gré ; autres ressorts, même tarif que pour les ventes mobilières de gré à gré.

Voyages. (V. Décret. art. 22).

---

12 août 1902

Loi portant modification aux lois des 25 ventôse an XI
et 21 juin 1843, relatives au notariat

1. Les articles 5, 9, 11, 31, 32, 35, 36, 37, 38, 39, 40, 41, 42, 43 et 44 de la loi du 25 ventôse an XI sont modifiés ainsi qu'il suit : (*Voir ci-dessus le texte rectifié*).

2. Les articles 2, 3 et 4 de la loi du 21 juin 1843 sont abrogés.

3. L'aspirant ayant fait son stage en Algérie pourra y être nommé notaire en justifiant, outre d'un stage de six ans, du certificat de capacité et de moralité prescrit par l'article 6 de l'arrêté ministériel du 30 décembre 1842 et par l'arrêté ministériel du 16 avril 1858.

Mais pour être admis aux fonctions de notaire en France, il devra subir l'examen exigé par les articles 42 et 43 ci-dessus, et en outre justifier d'un stage de six années en France ou en Algérie, dont la dernière au moins en qualité de premier clerc dans une étude de France d'une classe au moins égale à celle de l'office du notaire qu'il doit remplacer.

Article transitoire. — Par mesure transitoire, les dispositions de la présente loi relatives au stage n'entreront en vigueur que dans un délai de deux ans, à partir de la promulgation. Elles ne seront à aucun moment applicables aux aspirants qui, au jour de la promulgation de la loi nouvelle, auront accompli le temps de stage prescrit par la loi du 25 ventôse an XI.

Dans tout les cas, les aspirants ne sauraient être dispensés de subir l'examen prévu par l'article 42 ci-dessus.

<hr>

1ᵉʳ Mai 1905

Décret concernant les écoles de notariat

—

Titre 1ᵉʳ. — ORGANISATION DES ÉCOLES

1. La reconnaissance d'une école de notariat est prononcée par décret rendu sur le rapport du ministre de la justice, le conseil d'Etat entendu.

2. L'école relève du ministre de la justice.

3. La nomination du directeur de l'école est soumise à l'agrément du ministre de la justice par un conseil de surveillance, composé ainsi qu'il suit :

1° Le président du tribunal civil ;

2° Le procureur de la République ;

3° Un professeur de la faculté de droit, désigné par le doyen, ou un avocat, désigné par le bâtonnier, s'il n'y a pas de faculté de droit ;

4° Le directeur ou, à son défaut, un inspecteur de l'enregistrement ;

5° Le président de la chambre des notaires.

La présidence du conseil de surveillance appartient de droit au président du Tribunal civil.

4. Le directeur a, seul, l'administration de l'école. Le conseil de surveillance est appelé à donner son avis sur toutes les questions relatives à l'organisation de l'école, ainsi qu'à l'enseignement et doit, tous les ans, adresser un rapport au ministre de la justice.

5. Les professeurs et répétiteurs chargés des cours, des conférences ou des examens sont, après avis du conseil de surveillance, nommés par le directeur de l'ecole, qui soumet leur nomination à l'agrément du ministre de la justice.

6. Le ministre peut, dans tous les cas, retirer son agrément, après avoir provoqué les observations du conseil de surveillance et de l'intéressé.

TITRE II. — RÉGIME DES ÉTUDES

7. La durée des études est de deux ans.

La rentrée des élèves a lieu à la date fixée par le directeur.

8. Les élèves suivant les cours de l'école peuvent en même temps être inscrits comme clercs, et cette inscription leur est comptée pour la durée du stage.

9. L'assistance aux cours est obligatoire et tout élève qui a compté, durant une année d'études, plus de quarante jours d'absence, consécutifs ou non, est astreint à redoubler cette année, s'il prétend obtenir le certificat.

10. L'enseignement porte sur le droit civil, la procédure civile, le droit commercial, le droit administratif, le droit international privé, la législation fiscale, dans leurs rapports avec le notariat, et sur les lois, ordonnances et décrets organiques du notariat.

11. Un arrêté ministériel, pris après avis du directeur de l'école et du conseil de surveillance, détermine le programme détaillé des cours et conférences de chaque année d'études, le temps consacré à chaque cours, la répartition, entre les divers examens, de la quotité de points qui doivent être obtenus par l'élève pendant les deux années d'études.

Titre III. — Examens de sortie et délivrance du diplome

12. Un examen de sortie donnant droit au certificat d'aptitude a lieu à la fin de la seconde année.

Cet examen est passé devant un jury composé de cinq membres :

1° Un conseiller à la cour d'appel, désigné par le premier président, ou le président du tribunal civil, s'il n'y a pas de cour d'appel ;

2° Un professeur de la faculté de droit, désigné par le doyen ;

3° Le directeur de l'école ou, en cas d'empêchement, un professeur de l'école, désigné par le directeur ;

4° Un employé supérieur de l'enregistrement, désigné par le directeur du département ;

5° Le président de la chambre des notaires ou, à son défaut, un membre de la chambre ;

Le jury est présidé par le magistrat appelé à en faire partie.

13. Un arrêté ministériel pris après avis du directeur de l'école et du conseil de surveillance, détermine le programme de l'examen de sortie et la quotité de points attribuée à chacune de ses parties.

14. L'examen est composé de deux épreuves : une épreuve écrite et une épreuve orale.

L'épreuve écrite porte sur une question de droit choisie dans le programme du cours et sur la rédaction d'un projet d'acte.

Les sujets sont tirés au sort, en présence des candidats, par le président du jury ou par celui de ses membres que le président désigne pour surveiller la composition.

L'épreuve orale porte sur l'ensemble des matières enseignées dans le cours des deux années.

15. Le président du jury soumet au ministre le procès-verbal des opérations de l'examen, signé par tous les membres du jury, et la liste de classement, par ordre de mérite, des candidats déclarés admis.

16. Les candidats inscrits sur cette liste reçoivent seuls le certificat d'élève diplômé de l'école de notariat.

17. Le ministre de la justice a le droit de faire procéder à l'inspection de l'école par les délégués qu'il désigne à cet effet.

L'inspection porte sur les études et sur l'application du présent décret. Elle ne peut porter sur la gestion financière de l'école qu'au cas où cette école recevrait une subvention de l'Etat ou du département.

18. Un décret rendu en conseil d'Etat peut, après que l'administration de l'école aura été mise en demeure de fournir des explications par écrit, retirer à une école de notariat le bénéfice de la reconnaissance, soit pour inexécution des prescriptions qui lui sont imposées, soit au cas ou les conditions du recrutement ou de l'enseignement auraient cessé d'offrir des garanties suffisantes.

APPENDICE

8 Juin 1893

Loi relative aux actes de procuration, de consentement et d'autorisation dressés aux armées ou dans le cours d'un voyage maritime

1. En temps de guerre ou pendant une expédition, les actes de procuration, les actes de consentement à mariage ou à engagement militaire et les déclarations d'autorisation maritale consentis ou passés par les militaires, les marins de l'État ou les personnes employées à la suite des armées ou embarquées à bord des bâtiments de l'État, pourront être dressées par les fonctionnaires de l'intendance ou les officiers du commissariat.

A défaut de fonctionnaires de l'intendance ou d'officiers de commissariat, les mêmes actes pourront être dressés : 1° dans les détachements isolés, par l'officier commandant pour toutes les personnes soumises à son commandement; 2° dans les formations ou établissements sanitaires dépendant des armées, par les officiers d'administration gestionnaires pour les personnes soignées ou employées dans ces formations ou établissements ; 3° à bord des bâtiments qui ne comportent pas d'officier d'administration, par le commandant ou celui qui en remplit les fonctions ; 4° dans les hôpitaux maritimes et coloniaux, sédentaires ou ambulants, par le médecin directeur ou son suppléant pour les personnes soignées ou employées dans ces hôpitaux.

2. Au cours d'un voyage maritime, soit en route, soit pendant un arrêt dans un port, les mêmes actes concernant les personnes présentes à bord pourront être dressés : sur les bâtiments de l'État, par l'officier d'administration ou, à son défaut, par le commandant ou celui qui en remplit les fonctions, et sur les autres bâtiments, par le capitaine, maître ou patron, assisté par le second du navire ou, à leur défaut, par ceux qui les remplacent.

Ils pourront de même être dressés, dans les hôpitaux, maritimes ou coloniaux, sédentaires ou ambulants, par le médecin directeur ou son suppléant pour les personnes employées ou soignées dans ces hôpitaux.

3. Hors de France, la compétence des fonctionnaires et officiers désignés aux deux articles précédents sera absolue.

En France, elle sera limitée au cas où les intéressés ne pourront s'adresser à un notaire. Mention de cette impossibilité sera consignée dans l'acte.

4. Les actes reçus dans les conditions indiquées en la présente loi seront rédigés en brevet.

Ils seront légalisés : par le commissaire aux armements, s'ils ont été dressés à bord d'un bâtiment de l'État ; par l'officier du commissariat chargé de l'inscription maritime, s'ils ont été dressés sur un bâtiment de commerce ; par un fonctionnaire de l'intendance ou par un officier du commissariat, s'ils ont été dressés dans un corps de troupe, et par le médecin-chef s'ils ont été dressés dans un hôpital ou une formation sanitaire militaires.

Ils ne pourront être valablement utilisés qu'à la condition d'être timbrés et après avoir été enregistrés.

§ 2

ALGÉRIE.

30 décembre 1842,

*Arrêté du ministre de la guerre, portant règlement de l'exercice
et de la discipline de la profession de notaire en Algérie.*

—

CHAPITRE Ier.

INSTITUTION, NOMINATION, NOMBRE ET PLACEMENT DES NOTAIRES. —
CONDITIONS D'ADMISSIBILITÉ. — CAUTIONNEMENT. — PRESTATION
DE SERMENT. — OBLIGATION DE RÉSIDER. — IMCOMPATIBILITÉ. —
INCESSIBILITÉ DES OFFICES.

1. Les officiers publics, sous le titre de notaires, sont
institués en Algérie pour y recevoir tous les actes et contrats auxquels les parties doivent ou veulent faire donner le
caractère d'authenticité attaché aux actes de l'autorité
publique, pour en assurer la date, en conserver le dépôt,
en délivrer des grosses et expéditions, et remplir toutes
autres fonctions attribuées aux notaires de France, le tout
conformément aux dispositions ci-après.

2. Les notaires continueront d'être nommés, et, lorsqu'il
y aura lieu, révoqués par le *ministre de la guerre*, sur le rapport du procureur général.

L'arrêté de nomination fixera la résidence dans laquelle
ils devront s'établir.

Les notaires sont nommés par arrêté du gouverneur général de
l'Algérie. (Décr. 27 juin 1901).

3. Le nombre des notaires sera réglé par le *ministre de
la guerre*, selon les besoins du service.

Il est provisoirement fixé, savoir : à *huit,* pour l'arrondissement du tribunal de première instance d'Alger ; à *deux,*

pour chacun des arrondissements de Bône, Oran et Philip-
peville.

Depuis 1842, il a été créé beaucoup d'offices de notaires.

Pour les cantons où il n'existe pas de notaire, les greffiers de justice de paix en exercent de droit les attributions, dans leur plénitude,
s'ils ont obtenu le certificat de capacité (greffier-notaire au titre 1er),
et partiellement seulement quand ils ne possèdent pas ce certificat.
(Décr. 18 janvier 1875, 3 septembre 1884).

4. A l'avenir, nul ne pourra être nommé notaire :

1° S'il n'est français ;

2° S'il n'est âgé de 25 ans accomplis ;

3° S'il n'a satisfait à la loi du recrutement de l'armée ;

4° S'il ne jouit de ses droits civils et civiques ;

5° Si, hors les cas de dispense prévus par l'article suivant,
il ne justifie de l'accomplissement du temps de stage
ou de travail, dans une étude de notaire, exigé par le
même article.

Le tout, indépendamment de ce qui est prescrit en l'article 6 ci-après.

Le candidat doit aussi justifier d'un certificat d'études de droit
administratif et de coutumes indigènes. (Décr. 9 octobre 1882), excepté
celui qui compte dix années d'inscription au tableau des avocats en
Algérie. (Décr. 31 octobre 1899).

Pour obtenir ce certificat, il faut suivre pendant deux années des
cours à l'Ecole de droit d'Alger. (Décr. 24 juillet 1882).

Admission au notariat en France, L. 12 août 1902).

5. Le temps de travail requis par le n° 5 du précédent
article sera de *cinq* années entières et consécutives, dont
une au moins en qualité de premier clerc dans l'étude d'un
notaire de France ou de l'Algérie.

Pourront être dispensés de la justification de tout ou
partie du temps de stage réglé par le présent article :

1° Les avocats, avoués ou défenseurs ayant exercé leur
profession, soit en France, soit en Algérie, pendant plus de
deux années ;

2° Les aspirants qui auraient rempli, pendant cinq années
au moins, des fonctions administratives ou judiciaires ;

3° Ceux qui auraient précédemment exercé la profession du notaire en Algérie ou en France.

Stage de six ans, L. 12 août 1902, art. 3.

6. Tout aspirant à l'emploi du notaire devra, lors même qu'il se trouverait dans l'un des cas de dispense de stage spécifiés en l'article précédent, se pourvoir préalablement à l'effet d'obtenir un certificat de moralité et de capacité.

Ce certificat sera délivré par une commission formée, à Alger, par le procureur général, qui désignera, pour la composer, l'un des magistrats attachés aux tribunaux d'Alger, et deux des notaires en exercice dans la même rési_dence.

Cette commission, présidée par le magistrat qui aura été désigné pour en faire partie, procèdera à l'examen de la capacité du candidat, après vérification des pièces fournies par celui-ci et information sur sa moralité.

Elle dressera de tout procès-verbal et délivrera ensuite, s'il y a lieu, le certificat de moralité et de capacité.

En cas de refus, la délibération motivée que la commission sera tenue de prendre, sera adressée par son président au procureur général qui la transmettra, avec son avis personnel, au ministre de la guerre, en même temps que la demande de l'aspirant et les pièces produites à l'appui.

Nonobstant le refus de certificat, le ministre restera juge des titres du candidat.

Pourront, au surplus, être dispensés des conditions prescrites par le présent article, les aspirants qui produiraient un certificat de moralité et de capacité à eux délivré, conformément à l'article 43 de la loi du 25 ventôse an XI, par la chambre de discipline des notaires de leur dernière résidence en France.

Les propositions de nominations sont établies par une commission spéciale. (Décr. 27 juin 1901, art. 5).

7. Les notaires sont assujettis à un cautionnement provisoirement fixé, savoir : pour ceux de la résidence d'Alger, à 6,000 fr. ; pour ceux des autres localités, à 4,000 fr.

Ce cautionnement, qui devra être fourni en numéraire, sera spécialement, et par premier privilège, affecté à la garantie des condamnations qui pourraient être prononcées contre le titulaire, à raison de l'exercice de ses fonctions.

Le cautionnement élevé à 12,000 fr. pour les notaires en résidence à Alger et à 8,000 fr. pour ceux des autres localités. (Décr. 28 nov. 1899 , art. 26).

8. Avant d'entrer en fonctions, les notaires prêteront, à l'audience du tribunal de première instance de l'arrondissement dans lequel leur résidence aura été fixée, le serment dont la formule suit :

« Je jure *fidélité au roi des Français*, obéissance *à la charte constitutionnelle*, aux lois *du royaume*, aux ordonnances, arrêtés et règlements ayant force de loi en Algérie, et de remplir avec exactitude et probité les devoirs de ma profession. »

Ils ne seront admis à prêter ce serment, qu'après avoir produit le récépissé constatant le versement de leur cautionnement.

9. Aussitôt après avoir prêté serment, et préalablement à tout exercice de leurs fonctions, les notaires devront déposer ou faire déposer leurs signature et paraphe, ainsi qu'un extrait certifié du procès-verbal de leur prestation de serment, dans chacun des greffes de la Cour *royale (d'appel)*, des tribunaux de première instance, de commerce et de paix, et des divers commissariats civils de l'Algérie.

Les dépôts de leurs signature et paraphe seront renouvelés par eux toutes les fois que, pour des causes graves et dûment justifiées, ils auront été autorisés à les changer, par ordonnance du tribunal de leur résidence, rendue sur requête, le ministère public entendu.

10. Les notaires seront tenus de résider dans le lieu qui leur aura été assigné par l'arrêté de nomination, et ne pourront s'absenter de l'Algérie sans un congé délivré par le procureur général, qui en fixera la durée et en rendra compte au ministre de la guerre.

Ils exerceront leurs fonctions, savoir :

1º Ceux des villes où est établi un tribunal de première instance, dans l'étendue du ressort de ce tribunal, à l'exception néanmoins de celles des localités dépendant de ce ressort, avec lesquelles on ne peut communiquer que par mer ;

2º Ceux des localités dans lesquelles il n'existe qu'un tribunal de paix ou un commissariat civil, dans l'étendue du ressort de cette juridiction.

Néanmoins, le notaire établi à Blidah pourra instrumenter, concurremment avec les notaires d'Alger, dans le ressort des commissariats civils de Bouffarick, Douéra et Coléah.

11. Les fonctions de notaires sont incompatibles avec tous autres offices ministériels, avec toutes fonctions publiques salariées et avec toute espèce de négoce.

12. Sont réputés démissionnaires et pourront être immédiatement remplacés :

1º Les notaires qui, sans avoir justifié d'une excuse légitime, n'auraient pas prêté le serment prescrit par l'article 8, et ne seraient pas entrés en fonctions dans les trois mois, à dater du jour où leur nomination leur aura été notifiée ;

2º Ceux dont le cautionnement serait employé, en tout ou en partie, à l'acquit de condamnations pour faits de charge, ou frappé de saisies-arrêts déclarées valables par jugement, même pour des causes étrangères aux faits de charge, et qui n'auraient pas dans le délai de trois mois, au plus tard, à partir de l'invitation qui leur en sera faite par le procureur *du roi* (*de la République*), sur l'avis du directeur des finances, soit rétabli en entier ledit cautionnement, soit produit un acte authentique ou un jugement définitif portant mainlevée des oppositions ou saisies-arrêts ;

3º Ceux qui, s'étant établis hors du lieu qui leur est assigné par l'arrêté de nomination, n'y auraient pas fixé leur résidence dans les trois jours de l'avertissement qui leur sera donné par le procureur *du roi* (*de la République*) ;

4° Ceux qui se livreraient à l'exercice de fonctions ou professions incompatibles avec le notariat ;

5° Ceux qui s'absenteraient de l'Algérie, sans congé régulièrement délivré.

13. Les notaires seront tenus de prêter leur ministère toutes les fois qu'ils en seront requis, à moins de motifs légitimes d'abstention qu'ils devront immédiatement communiquer au procureur *du roi (de la République)*.

Dans le cas où ces motifs ne seraient pas justifiés, le procureur *du roi (de la République)* pourra, sur la demande des intéressés, enjoindre aux notaires d'instrumenter ; à défaut par eux de déférer à cette injonction, ils seront passibles de telles peines de discipline qu'il appartiendra.

Ils seront également tenus, sous les mêmes peines, de représenter gratuitement, lorsqu'ils seront désignés à cet effet, dans les divers cas prévus par les lois, les militaires et marins absents, et de procéder, au besoin, dans l'intérêt de ceux-ci, sans autre indemnité que celle des simples déboursés dûment justifiés, à tous actes du ministère des notaires.

14. Les offices de notaires sont incessibles ; il ne pourra être traité, sous aucun prétexte, à prix d'argent ou moyennant tout autre prix, quelle qu'en soit la nature, soit par le titulaire, soit par ses héritiers ou ayants cause, de la cession de son titre et de sa clientèle, sauf néanmoins ce qui sera dit en l'article 51 ci-après, en ce qui concerne les recouvrements.

CHAPITRE II.

ACTES NOTARIÉS. — LEUR FORME. — FONCTIONS ET DEVOIRS DES NOTAIRES.

15. (*Décr. 26 octobre 1886*). Les actes notariés sont reçus en Algérie par le notaire, en présence de deux témoins, et, s'il s'agit d'un testament par acte public, en présence de quatre témoins, mâles, majeurs, citoyens français, jouissant de leurs droits civils et justifiant de leur inscription sur les listes électorales, sachant signer et domiciliés dans l'arrondissement communal où l'acte sera passé.

15. (*Texte de 1842*). *Les actes seront reçus par le notaire en présence de deux témoins, et, s'il s'agit d'un testament par acte public, en présence de quatre témoins mâles, majeurs, européens, ayant au moins une année de résidence en Algérie, jouissant de leurs droits civils, sachant signer, et, autant qu'il se pourra, parlant la langue française. Les mêmes témoins pourront être habituellement employés. Le tout sans préjudice de la faculté accordée par les lois aux notaires de procéder, sans assistance de témoins, à certains actes, pour lesquels ils sont commis par les tribunaux.*

16. Toutes les fois qu'une personne ne parlant pas la langue française, sera partie ou témoin dans un acte, le notaire devra être, en outre, assisté d'un interprète assermenté, qui expliquera l'objet de la convention avant toute écriture, expliquera de nouveau l'acte rédigé et signera comme témoin additionnel.

Les signatures qui ne seraient pas écrites en caractères français seront traduites en français, et la traduction en sera certifiée et signée au pied de l'acte par l'interprète.

Les parents ou alliés, soit du notaire, soit des parties contractantes, en ligne directe à tous les degrés, et en ligne collatérale jusqu'au degré d'oncle ou de neveu inclusivement, ne pourront remplir les fonctions d'interprète dans les cas prévus par le présent article. Ne pourront aussi être pris pour interprètes d'un testament par acte public, les légataires, à quelque titre que ce soit, ni leurs parents ou alliés, jusqu'au degré de cousin-germain inclusivement.

17. Les actes des notaires seront écrits en langue française, en un seul contexte, lisiblement, sans abréviation, blancs, lacune ni intervalle. Les sommes et les dates y seront écrites en toutes lettres ; les renvois en marge et au bas des pages, et le nombre des mots rayés dans tout le texte

de l'acte seront approuvés par l'initiale du nom propre ou le paraphe de chacune des parties, des témoins et du notaire.

Ces actes énoncent : 1° les noms et lieu de résidence du notaire qui les reçoit ; 2° les nom, prénoms, qualités et demeures des parties, et la mention de leur patente, si l'acte est relatif à leur commerce, profession ou industrie ; 3° les noms, âge, profession et demeure des témoins ; 4° le nom et demeure de l'interprète, s'il y a lieu ; 5° le lieu, l'année, le jour où les actes sont passés ; 6° les procurations des contractants, lesquelles, certifiées par les parties qui en feront usage, demeureront annexées à la minute ; 7° la lecture faite aux parties par le notaire ; et, le cas échéant, l'accomplissement des interprétations prescrites par le premier alinéa de l'article précédent, sans préjudice des formalités spéciales auxquelles certains actes sont assujettis par la loi.

Ils exprimeront les sommes en francs, décimes et centimes, et en mesures métriques toutes les quantités, poids ou mesures à énoncer. Toutefois, les sommes et quantités pourront être exprimées par les appellations usitées en Algérie ou dans le lieu du domicile des contractants, pourvu qu'elles soient, à la suite de la traduction ou conversion en dénominations nouvelles, conformes au système décimal ou métrique de France.

Énonciation d'acte sous seing privé non enregistré. (Décr. 14 décembre 1905, et loi 22 avril 1905, art. 10).

Enregistrement et timbre. (Décr. 4 septembre 1906).

Hypothèques. (Décr. 7 décembre 1900).

Assistance judiciaire. (Décr. 25 novembre 1904).

18. Les notaires seront tenus d'annexer aux actes par eux reçus, l'original, ou, en tout cas, la traduction certifiée par un interprète assermenté, et signée des parties, des actes émanés des officiers publics indigènes, ou de tous autres fonctionnaires étrangers et auxquelles les nouvelles conventions se réfèreraient. Le contenu desdites pièces devra être, en outre, mentionné sommairement dans l'acte auquel elles seront annexées.

19. Si le nom, l'état et la demeure des parties ne sont pas connus du notaire qui recevra leurs conventions, ils devront lui être attestés par deux témoins connus de lui et ayant les mêmes qualités que celles qui sont requises pour être témoin instrumentaire.

(*Décret 7 juin 1889*). Toutefois, dans les actes intéressant les musulmans, si le notaire ne connaît pas le nom, l'état ou la demeure des parties, ou de l'une d'elles, il pourront lui être attestés par tout musulman résidant en Algérie, mâle, majeur et connu de lui. Les parents ou alliés de la femme musulmane seront admis à attester son identité.

En matière de transaction immobilière ou de contrat hypothécaire, l'existence des immeubles qu'il s'agira d'aliéner ou d'hypothéquer, devra être également connue du notaire instrumentaire, ou lui être attestée, ainsi qu'il est dit au premier alinéa du présent article.

20. Lorsque l'état d'une partie qui s'oblige, par acte passé devant eux, ne leur sera pas connu, les notaires devront, indépendamment de l'attestation prescrite par le précédent article, exiger, avant la passation de l'acte, la représentation du contrat de mariage de ladite partie, si elle se déclare mariée, ou son affirmation personnelle et sous serment qu'elle n'a point fait de conventions matrimoniales; et, si elle déclare n'être point mariée, son affirmation, également sous serment, que réellement elle ne l'est pas.

L'accomplissement de ce qui précède, sera expressément constaté dans l'acte par le notaire, à peine, contre lui, de tous dommages-intérêts, s'il y a lieu.

21. Dans les actes translatifs de propriété immobilière, les notaires énonceront la nature, la situation, la contenance, les tenants et aboutissants des immeubles, les noms des précédents propriétaires, et, autant qu'il se pourra, le caractère et la date des mutations successives.

22. Chaque notaire tiendra exposés dans son étude : 1° un tableau sur lequel il inscrira les nom, prénoms, qualités, profession et demeure des personnes qui, dans l'étendue du ressort où il peut exercer, sont interdites ou assistées d'un conseil judiciaire, ainsi que la mention des jugements y relatifs ; 2° un autre tableau où il inscrira également l'extrait des contrats de mariage intervenus entre époux domiciliés dans son ressort, et dont l'un serait commerçant, ledit extrait contenant les indications prescrites par l'article 68, § 2, Code comm.

Ces inscriptions auront lieu immédiatement après la notification qui devra être faite aux notaires, savoir : par le greffier de la juridiction qui aura rendu le jugement définitif d'interdiction ou de nomination de conseil judiciaire, de l'extrait dudit jugement, et, par le notaire qui, dans le cas prévu par le n° 2 du précédent paragraphe, aura reçu le contrat de mariage d'un commerçant, de l'extrait dudit contrat.

23. Les notaires seront tenus d'apposer sur les grosses et expéditions des actes, l'empreinte d'un sceau particulier d'après le modèle adopté par les notaires de France.

Les actes notariés sont légalisés par le président du tribunal civil de la résidence du notaire ou du lieu où sera délivré l'acte ou l'expédition, mais seulement lorsque les grosses et expéditions devront être employées en dehors de l'Algérie.

Dans les localités autres que les chefs-lieux de tribunaux de première instance, les juges de paix sont autorisés à légaliser, concurremment avec les présidents de ces tribunaux, les signatures des notaires de leurs cantons respectifs. (Décr. 19 octobre 1859).

24. Si un notaire décède avant d'avoir signé l'acte qu'il a reçu, mais après la signature des parties contractantes et des témoins, le tribunal de première instance du ressort pourra, sur la demande des parties intéressées, ou de l'une d'elles, ordonner que cet acte sera régularisé par la signature d'un autre notaire du même arrondissement. Dans ce cas, l'acte vaudra comme s'il avait été signé par le notaire instrumentaire.

25. Les notaires tiendront répertoire de tous les actes qu'ils recevront.

Ces répertoires seront visés, cotés et paraphés, savoir : ceux des notaires établis dans les villes où siège un tribunal de première instance, par le président ou par un juge de ce tribunal, et ceux des notaires établis en dehors des lieux où siégent les tribunaux de première instance, par le juge de paix ou l'un de ses suppléants, et, s'il n'y a pas de justice de paix, par le commissaire civil de leur résidence.

Chaque article du répertoire sera dressé jour par jour et contiendra : 1° son numéro d'ordre ; 2° la date de l'acte ; 3° la nature de l'acte ; 4° son espèce, c'est-à-dire s'il est en minute ou en brevet ; 5° les nom, prénoms et demeure des parties ; 6° l'indication des biens, leur situation et le prix, lorsqu'il s'agira d'actes ayant pour objet la propriété, l'usufruit ou la jouissance de biens immeubles ; 7° la somme prêtée, cédée ou transportée, s'il s'agit d'obligation, cession ou transport ; 8° la relation de l'enregistrement.

Les notaires feront aussi mention sur leur répertoire, tous les trois mois, et avant le visa du receveur de l'enregistrement, des noms des clercs qui, pendant le précédent trimestre, auront été en cours de stage dans leur étude, du temps de travail que lesdits clercs auront accompli, et de leur rang de cléricature.

26. Les notaires devront, en outre, tenir un registre particulier, qui sera visé, coté et paraphé, comme il est dit pour le répertoire en l'article précédent, et sur lequel ils inscriront à la date du dépôt, les nom, prénoms, profession, domicile et lieu de naissance des personnes qui leur remettront un testament olographe. Ce registre ne fera aucune mention de la teneur du testament déposé ; il sera soumis, de même que le répertoire, au visa des préposés de l'enregistrement.

Si, à l'époque où ils auront connaissance du décès de la personne dont le testament aura été déposé en leur étude, aucune partie intéressée ne se présente pour requérir l'exécution de l'article 1007, Code civil, ils devront eux-mêmes faire les diligences nécessaires pour la présentation dudit testament au président du tribunal de première instance du ressort, après en avoir donné avis au procureur *du roi* (*de la République*).

Dans le même cas, les notaires établis dans les mêmes lieux où il n'existe pas de tribunal de première instance, et à la distance de plus de cinq myriamètres du siège de ce tribunal, seront autorisés à présenter le testament au juge de paix ; et, s'il n'y a pas de justice de paix, au commissaire civil de leur résidence qui le fera parvenir, clos et cacheté, au président du tribunal, par l'intermédiaire du procureur *du roi (de la République)*, et qui pourra même en faire l'ouverture, si les communications étaient interrompues entre le lieu de leur siège et le chef-lieu judiciaire.

27. Seront également autorisés, les notaires établis à plus de cinq myriamètres de distance de la ville où siège le tribunal de première instance du ressort, à présenter, dans le cas prévu par le deuxième alinéa de l'article 1007, Code civil, les testaments mystiques reçus par eux, soit au juge de paix, soit, à défaut de juge de paix, au commissaire civil de leur résidence, lequel pourra faire l'ouverture desdits testaments en présence des témoins signataires de l'acte de suscription qui se trouveront sur les lieux, ou eux dûment appelés.

28. Le notaire, dépositaire d'un testament contenant des dispositions au profit d'un établissement public, devra en donner avis au procureur du *roi (de la République)*, dans le mois de l'ouverture de ce testament.

29. Indépendamment du répertoire et du registre prescrit par les articles 25 et 26, les notaires tiendront un registre coté, paraphé, soumis au visa des proposés de l'enregistrement, conformément auxdits articles, sur lequel ils devront mentionner jour par jour, par ordre de dates, sans blancs, lacunes ni transports en marge : 1° toutes les sommes ou valeurs qu'ils recevront en dépôt, à quelque titre que ce soit ; 2° les nom, prénoms, profession et demeure

des déposants ; 3° la date des dépôts ; 4° l'emploi qui aura
été fait des valeurs déposées.

Consignation. (Décr. 20 Juillet 1907).

30. Sont, au surplus, rendues communes aux notaires
de l'Algérie, sauf les modifications qui précèdent et celles
qui seront énoncées ci-après ou qui sont ou seraient
ultérieurement établies par la législation spéciale du pays,
les dispositions des lois et règlements de France, relatifs à
la forme des actes notariés, à leur effet, et aux formalités à
remplir par les notaires, notamment celles des articles 8, 10,
§ 2, 13 à 18, 20 à 27, 29, 30 et 68 de la loi du 25 ventôse
an XI ; 971 à 977, 979, 1317 à 1320, Code civil.

31. Sont également rendues communes aux notaires de
l'Algérie, en tout ce qui n'est pas contraire au présent
arrêté et à la législation spéciale du pays : 1° les attributions particulières conférées par les lois françaises aux
notaires de France ; 2° les obligations imposées par les
mêmes lois et par les règlements en vigueur dans la métropole à ces officiers publics, en matière d'enregistrement
des actes notariés, de tenue, visa, vérification par les préposés de l'enregistrement et dépôt des répertoires ; 3° les
amendes applicables aux notaires de France pour toutes
contraventions, omissions, irrégularités et autres inobservations des règles prescrites par lesdites lois, ainsi que les
formes des poursuites à diriger pour le recouvrement de
ces amendes.

Ouverture des bureaux d'enregistrement et d'hypothèque. (Décr.
9 juillet 1900).

32. Les notaires exerceront, d'ailleurs, toutes autres
fonctions ou attributions qui leur sont ou qui leur seraient
particulièrement conférées par la législation spéciale de
l'Algérie.

Ils ne pourront faire ni protêts faute d'acceptation ou de
paiement de lettres de change et autres effets commerciaux,
ni actes d'offres réelles et procès-verbaux de consignation

de ces offres, que dans le cas où lesdits actes ne pourraient pas être formalisés par des huissiers.

Les greffiers exerçant les fonctions notariales au titre 2°, peuvent faire les protêts. Décr. 18 janvier 1875, art. 6 ; 29 juillet 1884.

33. Il est expressément interdit à tout notaire :

1° D'employer, même temporairement, à son profit, les sommes dont il s'est constitué détenteur ou dépositaire en sa qualité de notaire, ou de placer en son nom personnel les fonds qu'il aurait reçus de ses clients, à la condition de leur en servir l'intérêt ;

2° De retenir entre ses mains, sans motifs légitimes, les sommes qui doivent être par lui versées à la caisse des dépôts et consignations, dans les divers cas prévus par les lois, ordonnances et règlements ;

3° De prendre directement ou indirectement, un intérêt dans les opérations où il intervient comme notaire, ou d'emprunter, pour ses affaires personnelles, le nom d'un tiers dans les actes qu'il reçoit ;

4° De se constituer garant ou caution, à quelque titre que soit, des prêts qui auraient été faits par son intermédiaire, ou qu'il aurait été chargé de constater par acte public ou privé ;

5° De faire ou laisser intervenir ses clercs en qualité de mandataire d'une ou de plusieurs des parties qui contractent devant lui ;

6° De se rendre cessionnaire, soit de procès, droits ou actions litigieux ou successifs, alors même qu'il seraient hors de la compétence du tribunal dans le ressort duquel il exerce ses fonctions, soit d'indemnités ou rentes dues en Algérie à des particuliers par l'État ou par la colonie ;

7° De se livrer directement ou indirectement, comme principal obligé ou comme associé, même en participation, à des spéculations ou entreprises, à une ou plusieurs opérations de bourse, commerce, change, banque, escompte ou courtage ; de s'immiscer dans l'administration d'aucune entreprise ou compagnie de finance, de commerce ou d'industrie, de spéculer sur l'acquisition et la revente des immeubles, sur la cession des créances, actions industrielles et autres droits incorporels, et de souscrire, à quelque titre et sous quelque prétexte que ce soit, des lettres de change ou billets à ordre négociables ;

8° D'insérer dans les actes des dispositions dont il retirerait un profit personnel, ou de stipuler pour autrui ;

9° De prêter son ministère pour la vente de biens qu'il saurait être inaliénables, ou qui ne pourraient être aliénés qu'après l'accomplissement des formalités prescrites par la législation spéciale de l'Algérie ou les anciennes lois du pays.

10° De passer des actes pour le compte d'un notaire suspendu de ses fonctions, et de substituer, en quelque manière que ce soit, sauf ce qui sera dit en l'article 54 ci-après ;

11° De s'associer, soit avec d'autres notaires, soit avec des tiers, pour l'exploitation de son office ;

12° D'instrumenter hors de son ressort, ainsi que d'ouvrir étude et de conserver le dépôt de ses minutes ailleurs que dans le lieu qui lui a été fixe pour résidence.

Le tout sans préjudice de la prohibition contenue en l'article 14 ci-dessus, et de toutes autres défenses faites aux notaires par celles des dispositions de la loi du 25 ventôse an XI, auxquelles se réfère le présent arrêté.

Autres prohibitions, Décr. 20 juillet 1907, art. 1.

CHAPITRE III

FRAIS D'ACTES, HONORAIRES ET DROITS DES NOTAIRES

34. Le tarif établi par les décrets du 16 février 1807, pour le règlement des vacations et droits de voyage des notaires de Paris, est rendu applicable aux notaires de l'Algérie, avec réduction d'un dixième.

Les droits d'expédition ou de grosse de tous actes sont

fixés à 2 fr. 50 c. par rôle de trente lignes à la page, et de quinze syllabes à la ligne.

Cet article est complètement modifié (Décr. 28 nov. 1899, art. 20 à 22).

35. Pour tous actes non tarifés par les décrets précités du 16 février 1807, les honoraires seront réglés amiablement entre les parties et les notaires.

En cas de difficulté, avant comme après le paiement, la taxe des honoraires sera faite par le tribunal de première instance du ressort, en chambre du conseil, sur simples mémoires et sans frais, le ministère public entendu.

Le droit de taxe est dévolu au président du tribunal civil (Décr. 28 novembre 1899, art. 24).

36. Le notaire ne pourra réclamer ou recevoir des honoraires de deux parties ayant des intérêts différents, comme de l'emprunteur et du prêteur, de l'acquéreur et du vendeur, excepté dans les contrats d'échange et de société.

Les actes délivrés en brevet et les grosses ou expéditions des actes dont il doit être gardé minute énonceront, en détail, les sommes reçues ou réclamées par les notaires, en distinguant les déboursés, droits et honoraires, le tout à peine, en cas de contravention, de telles mesures de discipline qu'il appartiendra.

37. Les demandes en paiement de droits et honoraires formées par les notaires de l'Algérie seront instruites et jugées, sans préliminaire de conciliation, en la même forme que celles des notaires en France.

Cette matière réglementée par la loi du 24 décembre 1897.

CHAPITRE IV

DISCIPLINE DES NOTAIRES

38. Indépendamment des amendes qui seraient encourues par eux, aux termes de l'article 31 ci-dessus, pour omissions, irrégularités et autres violations ou inobservations des règles prescrites par les lois qui leur sont rendues applicables, les notaires seront passibles, pour les mêmes infractions comme pour toutes autres contraventions aux dispositions du présent arrêté, et pour tous manquements aux devoirs de leur profession, de l'application de peines disciplinaires, sans préjudice de peines plus graves, en cas de crimes ou de délits.

39. Les peines de discipline applicables aux notaires, sont :

1° Le rappel à l'ordre ;

2° La censure avec réprimande ;

3° La suspension pendant trois mois au plus ;

4° La révocation.

40. Le rappel à l'ordre et la censure avec réprimande seront prononcés, lorsqu'il y aura lieu, par le procureur général d'office, ou, sur le rapport du procureur *du roi* (*de la République*) près le tribunal de la résidence du notaire, après que l'inculpé aura été entendu ou dûment appelé.

Ils seront toujours notifiés par écrit audit notaire, et il en sera fait mention tant au parquet du procureur général qu'en celui du procureur *du roi* (*de la République*), sur un registre spécialement tenu à cet effet.

Le procureur général informera, sans retard, le ministre de la guerre, de tout rappel à l'ordre ou censure avec réprimande qu'il aura prononcés contre des notaires.

41. Lorsqu'il y aura lieu à suspension ou révocation, il sera procédé à l'enquête disciplinaire par le procureur *du roi* (*de la République*), de la résidence du notaire inculpé, qui devra toujours être entendu ou dûment appelé, et pourra fournir, dans le délai qui lui sera fixé, ses explications par écrit sur les griefs dont il lui sera donné communication.

Le procureur *du roi* (*de la République*), adressera ensuite les pièces de l'enquête, les explications de l'inculpé, et son rapport au procureur général, qui transmettra le tout, avec son avis personnel, au ministre de la guerre.

Il sera statué par le ministre.

Néanmoins , en cas d'urgence, le gouverneur général pourra, sur la proposition du procureur général, prononcer provisoirement la suspension, à charge d'en rendre compte au ministre de la guerre.

Il y aura lieu à cette suspension provisoire toutes les fois que, par l'effet de condamnations prononcées pour faits de charges, le cautionnement des notaires se trouverait employé en tout ou en partie.

42. La révocation sera toujours prononcée :

1° Contre le notaire qui aurait contrevenu à l'une des prohibitions portées aux n°s 1, 2, 3, 4, 5, 6, 7, 8, 9, 10 et 11 de l'article 33 ci-dessus ;

2° Contre celui qui, ayant été suspendu, continuerait directement ou indirectement, pendant la durée de la suspension, l'exercice de ses fonctions, ou le reprendrait avant l'expiration de la peine, sans préjudice des peines portées en l'article 197, Code pénal ;

3° Contre celui qui, en contravention à l'article 14 ci-dessus, aurait traité à prix d'argent, ou moyennant toute autre indemnité, de la cession de son office, lors même que la convention n'aurait pas été suivie d'effet, et contre le nouveau titulaire qui, par suite d'une telle convention, aurait obtenu sa nomination ;

4° Contre celui qui, ayant précédemment subi la peine de la suspension, tomberait dans la récidive.

43. La suspension, et même la révocation, seront prononcées, selon les cas, contre le notaire qui se trouvera dans l'un des cas prévus par les n°s 8 et 12 de l'article 33, et contre celui qui, par sa conduite privée et habituelle ou par un fait grave quelconque, compromettrait sa dignité, sa délicatesse, son honneur ou son caractère d'officier public.

44. Il sera fait mention, sur le registre prescrit par le 2° alinéa de l'article 40 ci-dessus, de toutes suspensions prononcées contre un notaire, soit par le ministre de la

guerre, soit même provisoirement par le procureur général,
aux cas prévus par l'article 41.

45. Les décisions portant peine de suspension et de
révocation contre un notaire, lui seront notifiées à la diligence du procureur *du roi* (*de la République*) de sa résidence, soit par simple lettre, soit même, s'il en est besoin,
par le ministère d'un huissier. Elles seront exécutées à
partir du jour de cette notification.

Toutes les propositions relatives aux peines disciplinaires sont soumises à une Commission spéciale. (Décr. 26 juin 1901 et 25 septembre
1906.)

46. Au commencement de chaque année, le procureur
général nommera, parmi les notaires d'Alger, un syndic
dont les attributions consisteront :

1° A donner son avis, après information, s'il y a lieu,
sur toutes plaintes qui seraient portées contre un notaire
de son ressort ;

2° A intervenir officieusement, et comme conciliateur,
dans les débats qui s'élèveraient soit entre les notaires de
son ressort, soit entre les mêmes notaires et leurs clients ;

3° A donner son avis, lorsqu'il en sera requis par les
magistrats, sur les difficultés que feraient naître les réclamations d'honoraires, vacations et droits, formées par les
notaires ;

4° A représenter sa compagnie toutes les fois qu'il s'agira
de ses intérêts collectifs, et dans toutes ses relations ou
communications avec l'autorité judiciaire.

Le syndic nommé continuera ses fonctions jusqu'à son
remplacement ; il sera indéfiniment rééligible.

CHAPITRE V

REMISES A FAIRE DES MINUTES ET RÉPERTOIRES PAR LES NOTAIRES
QUI CESSENT LEURS FONCTIONS OU PAR LEURS REPRÉSENTANTS.
— RECOUVREMENTS.

47. Les minutes et répertoires d'un notaire décédé,

démissionnaire, révoqué ou remplacé par suite de déchéance, seront remis à son successeur immédiat, et, jusqu'à ce que celui-ci soit installé, déposés, selon les localités et les circonstances, soit en l'étude d'un autre notaire de la même résidence, désigné par le procureur *du roi* (*de la République*) du ressort, soit au greffe du tribunal de première instance, de la justice de paix, ou du commissariat civil du lieu.

Le procureur *du roi* (*de la République*) veillera à ce que la remise et le dépôt prescrits soient effectués sur inventaire régulier qui devra être dressé par le notaire ou greffier dépositaire.

Le double de cet inventaire, au pied duquel le dépositaire donnera récépissé des minutes et répertoires, sera mis au greffe du tribunal civil du ressort, excepté dans le cas où le dépôt serait opéré dans ledit greffe.

48. Les possesseurs ou détenteurs de minutes qui, dans le cas prévu par le précédent article, refuseraient d'en effectuer la remise, après avoir été mis en demeure par le procureur du roi, seront poursuivis, à la requête de ce magistrat, devant le tribunal de première instance du ressort, pour y être condamnés à l'amende portée par l'article 58 de la loi du 25 ventôse an XI.

49. Dans le cas de suppression d'office, les minutes et répertoires du notaire supprimé seront remis immédiatement, et, après inventaire dressé conformément à l'article 47, à celui des notaires du même ressort qui sera désigné par le ministre de la guerre, sur la proposition du procureur général.

50. Aussitôt après le décès, la démission ou la notification de la révocation d'un notaire, les minutes, papiers et répertoires de l'étude seront, s'il y a nécessité, et s'ils ne peuvent être immédiatement transportés, soit dans l'étude, soit dans le greffe où ils devront être déposés, placés sous les scellés, même d'office, par le juge de paix, ou, à défaut de juge de paix, par le commissaire civil de la résidence du notaire, jusqu'à ce que le dépôt puisse en être effectué.

L'apposition des scellés aura toujours lieu dans le cas où la résidence du notaire décédé, démissionnaire, ou révoqué, se trouverait en dehors du lieu où siège le tribunal de première instance.

51. Lorsque les minutes auront été déposées dans le greffe du tribunal de première instance, ou dans celui d'un tribunal de paix ou d'un commissariat civil, les grosses et expéditions pourront être délivrées par le greffier dépositaire, qui aura droit, dans ce cas, à la moitié de la rétribution fixée par l'article 35, § 2, ci-dessus, à la charge par lui de se conformer aux règles prescrites aux notaires pour la délivrance desdites grosses et expéditions.

52. Nonobstant la disposition de l'article 14 du présent arrêté, le nouveau titulaire ou le notaire qui recevra les minutes, dans le cas de suppression d'office, sera tenu d'indemniser l'ancien titulaire ou ses héritiers, jusqu'à concurrence du montant des recouvrements qui pourraient être à exercer au profit de ceux-ci, à raison des actes dont les frais, honoraires ou droits quelconques resteraient dus.

Dans tous les cas, le montant de cette indemnité sera réglé sans frais, par le tribunal de première instance, en chambre du conseil, le ministère public et les parties intéressées entendus. — Le règlement n'en sera définitif qu'après l'approbation du ministre de la guerre, auquel la décision de la chambre du conseil devra être transmise par le procureur général.

Tout traité de gré à gré sur le montant de ladite indemnité sera nul et entraînera la révocation du titulaire qui l'aura souscrit, avant ou après la remise des minutes.

CHAPITRE VI

DISPOSITIONS PARTICULIÈRES

53. Le notaire qui, par suite d'infirmités physiques ou morales se trouverait hors d'état de continuer l'exercice de ses fonctions, sera remplacé.

54. En cas de maladie, d'absence ou d'empêchement autre que celui résultant, soit d'une suspension disciplinaire, soit de parenté ou d'alliance, les notaires pourront être substitués, avec l'autorisation préalable du procureur *du roi* (*de la République*) de leur ressort, par un autre notaire de la même résidence.

La minute de l'acte reçu par le notaire substituant restera en l'étude du notaire substitué, ce qui sera énoncé dans ledit acte.

La minute devra, en outre, être portée à la fois sur le répertoire du notaire substitué et sur celui du notaire substituant, avec mention par celui-ci que cette minute est restée au notaire suppléé.

Le notaire suppléé et le notaire substituant seront solidairement responsables de toute inobservation des formalités prescrites pour la validité de l'acte, et passibles, selon les circonstances, en cas de contravention, des mêmes peines disciplinaires.

55. Aucun notaire suspendu de ses fonctions ne pourra, pendant la durée de la suspension, se faire substituer, même pour la délivrance des grosses ou expéditions des actes déposés dans son étude.

En ce cas, lorsqu'il y aura lieu à délivrance de grosses ou expéditions desdits actes, elle ne pourra être faite que par un autre notaire de la même résidence, spécialement commis à cet effet, par le procureur *du roi* (*de la République*) du ressort, sur la demande des parties intéressées, et il sera fait mention expresse de la délégation au bas de la grosse ou de l'expédition délivrée.

Dans le même cas, le notaire suspendu sera tenu de communiquer au notaire délégué, sur son récépissé, les minutes à expédier, lesquelles devront ensuite être rétablies dans l'étude où elles sont déposées.

Les droits dus pour les grosses ou expéditions ainsi délivrées, ne pourront être perçus qu'au profit du notaire commis.

Toute contravention au présent article sera punie de révocation, sans préjudice de peines plus graves, s'il y a lieu.

56. Dans les lieux où il n'existe qu'un seul notaire en exercice, si ce notaire est empêché par l'un des motifs énoncés aux deux articles précédents, ou pour cause de parenté ou d'alliance, il pourra être provisoirement remplacé, sur la demande expresse des parties intéressées et avec l'autorisation du procureur *du roi* (*de la République*) du ressort, soit par le greffier du tribunal de première instance, soit par celui de la justice de paix, et, à défaut du tribunal de première instance ou de paix, par le secrétaire du commissariat civil de la résidence dudit notaire.

En ce cas, l'autorisation délivrée par le procureur *du roi* (*de la République*), et la cause de l'empêchement du notaire, seront énoncées dans l'acte dressé ou dans les grosses ou expéditions délivrées par le substituant. La minute de l'acte dressé par le substituant sera déposée dans l'étude du notaire substitué, et, si celui-ci est suspendu de ses fonctions, dans l'étude de celui des notaires les plus voisins, qui sera désigné par les parties intéressées.

Le substituant se conformera, d'ailleurs, soit pour la rédaction et la forme des minutes ou brevets, soit pour la délivrance des grosses et expéditions, à toutes les règles prescrites pour les notaires, au moyen de quoi ses actes vaudront comme actes notariés.

Dans les divers cas prévus par le présent article, le substituant pourra percevoir à son profit, indépendamment des honoraires, la moitié des vacations et droits réglés par l'article 35 ci-dessus.

57. Dans celles des villes du littoral où sont établis des commissariats civils, et pour lesquelles il n'existe pas de notaires, les secrétaires des commissariats recevront et rédigeront, en la forme des actes notariés, les conventions des parties qui requerront leur ministère à cet effet. En ce cas, ils déposeront et conserveront dans les archives du secrétariat la minute desdites conventions, et pourront, lorsqu'ils en seront requis, en délivrer aux intéressés des expéditions qui leur seront payées d'après le taux réglé par l'article 24 de l'arrêté ministériel du 18 décembre 1842 portant organisation des commissariats civils.

Les actes ainsi rédigés ne vaudront que comme écrit sous signature privée.

Le tout sans préjudice des attributions exceptionnelles conférées aux mêmes secrétaires par l'arrêté précité, en matière d'inventaire.

58. Les parties intéressées à des actes reçus par un notaire de l'Algérie pourront lever, à leurs frais, pour leur sûreté, et déposer au greffe du tribunal de première instance du ressort, des expéditions desdits actes, collationnées et signées par le notaire, et légalisées par le président du tribunal de la résidence de cet officier.

Le greffier sera tenu de recevoir ce dépôt, sur la réquisition de la partie, et de le garder dans les archives du greffe.

Il sera fait mention sommaire dudit dépôt sur un registre tenu à cet effet dans chaque greffe de première instance, et coté et paraphé par le président du tribunal.

CHAPITRE VII.

DISPOSITIONS FINALES.

59. Sont maintenus, chacun dans leur résidence actuelle,

sans qu'il soit besoin de leur délivrer des commissions confirmatives, et seulement à charge par eux de remplir, dans le délai de deux mois, à dater de l'époque où le présent arrêté sera exécutoire, les formalités prescrites par le premier alinéa de l'article 9 du même arrêté, les notaires précédemment institués et nommés par le ministre de la guerre, et qui seront en exercice au moment de la promulgation de ces présentes.

60. Les notaires qui auront exercé leurs fonctions avec honneur pendant vingt années consécutives, pourront obtenir le titre de notaire honoraire.

Ce titre sera conféré par le ministre de la guerre, sur la proposition du procureur général.

61. Il n'est rien innové par le présent arrêté, en ce qui concerne les attributions conservées aux cadis, en matière de notariat, par l'article 43, §§ 2 et 3 de l'ordonnance *royale* du 26 septembre 1842.

Attributions des cadis. (V. Décr. 17 avril 1889, art. 59, 65).

62. Toutes dispositions contraires aux présentes sont abrogées.

63. Le gouverneur général de l'Algérie est chargé de l'exécution du présent arrêté, qui sera publié dans le *Bulletin officiel* des actes du gouvernement de l'Algérie et dans le *Moniteur algérien*, et qui sera exécutoire à partir du 1er mars 1843.

---

28 novembre 1899

Décret portant fixation, pour l'Algérie, du tarif des notaires à l'occasion des actes de leur ministère.

1. Les honoraires, vacations, frais de rôle et de voyages et autres droits qui peuvent être dus, à l'occasion des actes de leur ministère, aux notaires, ainsi qu'aux greffiers-notaires, sans distinction entre ceux qui ont et ceux qui n'ont pas la plénitude des fonctions notariales, sont fixés pour l'Algérie conformément au tarif ci-annexé.

2. L'honoraire tarifé d'un acte comprend l'émolument de tous les soins, conseils, consultations, conférences, examens de pièces, projets et autres travaux relatifs à la confection de l'acte.

3. Il est interdit aux notaires, sous peine de restitution et de poursuites disciplinaires, d'exiger des droits et honoraires plus élevés que ceux portés au tarif.

4. Les notaires peuvent faire remise de la totalité des honoraires ; ils ne peuvent en accorder la remise partielle.

5. Aucun honoraire n'est dû pour l'acte, la copie ou l'extrait déclarés nuls par la faute d'un notaire.

6. Lorsqu'un acte contient plusieurs conventions dérivant ou dépendant les unes des autres, il n'est perçu d'honoraires que sur la convention principale. — Si les conventions sont indépendantes et donnent lieu à des droits distincts d'enregistrement, l'honoraire est dû pour chacune d'elles.

7. Les actes dressés sur projets rédigés et présentés par tous les intéressés donnent droit à la moitié des honoraires alloués pour ces actes par le tarif.

8. Les notaires doivent réclamer la consignation des frais qu'ils auront à débourser pour les actes qu'ils sont chargés de dresser.

9. Avant tout règlement les parties peuvent réclamer le compte détaillé des sommes dont elles sont redevables. — Ce compte est établi sur deux colonnes : l'une destinée aux déboursés, l'autre aux honoraires. — Il n'est délivré qu'une fois.

10. Le concours d'un second notaire à un même acte n'en augmente pas l'honoraire. Toutefois, si l'acte est rétribué par vacation, il est dû une vacation à chaque notaire instrumentant.

11. Il est interdit aux notaires de partager leurs honoraires avec un tiers. — Entre notaires, le partage se fait de la manière suivante : le notaire qui garde la minute a droit à la moitié de l'honoraire, et le notaire en second à l'autre moitié ; les droits de rôle appartiennent exclusivement au notaire détenteur de la minute.

12. En cas de décès, démission, suspension, destitution, le notaire provisoirement commis en remplacement du titulaire aura droit à tous les produits de l'étude du notaire qu'il remplacera, à charge par lui d'en supporter les frais.

13. Il est alloué aux notaires et greffiers-notaires, suivant la nature des actes compris dans le tarif, des honoraires fixes ou gradués, des honoraires proportionnels, des vacations ou des honoraires par rôle de minute. — En outre, il leur est alloué des droits de rôle pour les expéditions qui leur seront réclamées.

14. L'honoraire proportionnel est perçu sur le capital énoncé dans les actes. Lorsqu'il porte sur des sommes excédant cent francs, le calcul se fait par fraction et par chaque somme ronde de vingt francs en vingt francs.

15. Dans les contrats ayant pour objet des prestations en nature, l'honoraire est calculé d'après l'évaluation faite pour la perception du droit d'enregistrement. — Lorsque la valeur de l'immeuble n'est pas exprimée dans l'acte, elle est obtenue en multipliant le revenu annuel par 25 pour les immeubles ruraux, et par 20 pour les immeubles urbains.

16. L'usufruit et la nue propriété sont respectivement évalués à la moitié de la valeur de la propriété.— Toutefois, la donation avec réserve d'usufruit au profit du donateur donne droit à la perception du même honoraire que celle qui porte sur la propriété.

17. L'honoraire alloué à l'occasion d'un testament ou de dispositions dont l'exécution est subordonnée au décès est calculé sur l'actif net que reçoit le bénéficiaire. — Si celui-ci a droit à une réserve, il n'est rien dû sur ce qu'il recueille à ce titre. — L'honoraire proportionnel est dû au moment où la disposition reçoit son exécution et il appartient au notaire qui est alors en fonction.

18. L'honoraire n'est perçu qu'une fois sur des valeurs qui figurent dans plusieurs opérations successives comprises dans un même acte de liquidation.

19. Pour les actes relatifs à des biens ou droits dont la valeur n'excède pas cinq cents francs, quelle que soit la longueur de l'expédition, le notaire ne peut avoir droit qu'à l'émolument de deux rôles.

20. Il est alloué aux notaires et greffiers-notaires, par vacation de trois heures, huit francs. — La première vacation commencée est due en entier. Les autres se payent en proportion du temps écoulé. — Les actes rétribués par vacations constatent l'heure du commencement et celle de la fin des opérations, ainsi que les interruptions. Dans les cas où il est dû des frais de voyage, le temps employé au voyage ne compte pas dans le calcul des vacations.

21. L'honoraire par rôle de minute est de quatre francs cinquante centimes par rôle de 35 lignes à la page et de 20 syllabes à la ligne. — Toutefois, pour les cahiers de charges de ventes judiciaires, il est seulement de 2 fr. 70. — Les honoraires pour rôles de copie de 25 lignes à la page et de 15 syllabes à la ligne sont fixés : — A 2 fr. 70 pour les expéditions et les grosses et pour les extraits analytiques ; — A 75 centimes pour les expéditions dont le coût est à la charge de l'Etat, des établissements de bienfaisance et d'assistance, et des bénéficiaires de la loi sur les habitations à bon marché ; — A 50 centimes pour les expéditions dont le coût est à la charge de l'administration de l'enregistrement. — Les copies collationnées donnent lieu à un droit fixe de 4 fr. 50 en sus du droit de rôle. — Le rôle commencé est dû en entier, s'il est seul ; par portions non inférieures à la moitié, s'il y a plusieurs rôles.

22. Lorsque le notaire est obligé de se transporter dans une localité éloignée de plus de 2 kilomètres de sa résidence, il perçoit pour frais de voyage, par kilomètre parcouru en allant et en revenant : — 1° 20 centimes si le transport a été effectué ou pouvait s'effectuer en chemin de fer ; — 2° 40 centimes si le transport a lieu autrement. — Si le déplacement exige plus d'une journée, il est alloué, en outre, 10 francs par journée. — Tout voyage requis la nuit est payé double. — Il n'est alloué qu'un seul droit de transport pour la totalité des actes que le notaire aura faits dans un même déplacement.

23. Tous actes, quelle que soit leur nature, ayant pour objet le mariage des indigents, le retrait de leurs enfants des hospices et la reconnaissance de leurs enfants naturels sont reçus gratuitement par les notaires, sur la production, par les parties intéressées, du certificat prévu par l'article 6 de la loi du 10 septembre 1853 (1). — La gratuité s'applique même aux frais de voyage. — Il en est de même des actes reçus dans l'intérêt des personnes qui ont obtenu le bénéfice de l'assistance judiciaire, lorsqu'ils sont passés à l'occasion ou en exécution des instances dans lesquelles elles ont figuré, mais seulement dans les cas où ils doivent être visés pour timbre et enregistrés en débet. — Lorsqu'il s'agit des actes compris au paragraphe précédent, les honoraires des notaires peuvent être recouvrés ultérieurement dans les conditions et les formes prescrites par la loi du 22 janvier 1851.

24. Pour les actes qui n'auraient pas été compris dans le tarif, les frais seront, à défaut de règlement amiable entre les notaires et les parties, taxés par le président du tribunal de la résidence du notaire.

25. Les notaires doivent tenir, dans leur étude, à la disposition de toute personne qui en fera la demande, un exemplaire du tarif fixant leurs honoraires.

26. Le cautionnement est élevé à 12,000 francs pour les notaires résidant à Alger et à 8,000 francs pour ceux qui résident dans d'autres localités. — Cette disposition ne s'appliquera qu'aux notaires nommés après la promulgation du présent décret. — Il n'est apporté aucune modification

(1) La date est erronée ; lire : 10 décembre 1850.

dans le cautionnement des greffiers-notaires au titre Ier ou au titre II.

27. Tarif.

Abandon de biens par un héritier bénéficiaire : moitié des honoraires perçus en matière de vente.

Abandon des biens d'une substitution : A titre onéreux : honoraires comme en matière de vente ; A titre gratuit : moitié des honoraires perçus en matière de donation.

Abandon d'immeubles grevés de servitude : Unilatéral : 8 fr. ; Conventionnel : honoraires comme en matière de vente.

Abandon de la quotité disponible, par acte séparé : Unilatéral : 8 fr.; Accepté : honoraires comme en matière de délivrance de legs.

Acceptation d'abandon (par acte séparé) : 4 fr. en brevet ; 8 fr. en minute ; et 2 fr. en plus par chaque créancier intervenant dans le même acte en sus du premier.

Acceptation de cession, de communauté, de délégation, de legs, de nantissement, de succession, et toutes les acceptations autres que celles qui seront nommément tarifées, (par acte séparé) : 4 fr. en brevet ; 8 fr. en minute.

Acceptation de lettre de change ou autre valeur commerciale: 0,25 cent. % de 1 à 200,000 fr. ; 0,125 % au-dessus.

Acceptation d'emploi (par acte séparé) : A. — Lorsque l'emploi ou le remploi a été fait au moyen d'un achat ou d'un placement ayant donné lieu à un honoraire proportionnel dans l'étude : 8 fr. ; B. — Dans le cas contraire : 0,25 cent. % de 1 à 200,000 fr. ; 0,125 % au-dessus.

Acquiescement pur et simple (par acte séparé) : 4 fr. en brevet ; 8 fr. en minute ; et en plus 2 fr. par chaque partie, en sus de la première, ayant un intérêt distinct et intervenant dans l'acte.

Acte complémentaire, interprétatif, rectificatif : 8 fr.

Acte imparfait : honoraire par rôle de minute.

Acte respectueux : réquisition : 8 fr. ; notification : 16 fr. ; non compris les rôles de copie.

Adhésion pure et simple (par acte séparé) : 4 fr. en brevet; 8 fr. en minute ; et en plus 2 fr. par chaque partie, en sus de la première, ayant un intérêt distinct et intervenant dans l'acte.

Adoption testamentaire (au décès de l'adoptant) : Si le testament est authentique ou mystique : 0,50 cent. % de 1 à 200,000 fr. ; 0,25 cent. % de 200,000 fr. à 400,000 fr. ; 0,125 % au-dessus; sans préjudice du droit fixe dû à l'occasion de la rédaction du testament ; — Si le testament est olographe : moitié des honoraires ci-dessus.

Affectation hypothécaire: 1º Par acte séparé : moitié de l'honoraire de l'acte principal, sans pouvoir dépasser 0,25 cent. % pour les baux et 0,50 cent. % pour les autres actes ; — 2º Par un tiers dans l'acte principal : pas d'honoraires.

Affiches et insertions : Affiches manuscrites : 0,50 cent. chacune ; — Affiches imprimées : pour la rédaction, 6 fr. ; — Insertions dans les journaux : pour la rédaction, 6 fr.

Affrétement : 0,25 cent. % de 1 à 200,000 fr. ; 0,125 % au-dessus.

Ampliation : 8 fr.

Antériorité (Consentement à) : 0,25 cent. % de 1 à 200,000 fr. ; 0,125 % au-dessus ; — Sur la somme profitant d'une façon effective de l'antériorité.

Antichrèse (par acte séparé) : honoraires comme en matière d'affectation hypothécaire.

Apprentissage : 2 fr.

Arbitres et experts (Nomination d') : 8 fr.

Assurance (Contrat d') : 0,10 cent. % sur le montant de la valeur assurée.

Autorisation : 4 fr. en brevet ; 8 fr. en minute.

Aval : 0,25 cent. % de 1 à 200,000 fr. ; 0,125 % au-dessus.

Bail : A. — De gré à gré, à loyer, à ferme, par adjudication, cahier des charges compris : 0,25 cent. % sur les loyers cumulés des neuf premières années ; 0,125 % sur les loyers cumulés des années suivantes ; — **B.** — A vie : 1 % de 1 à 200,000 fr. ; 0,50 cent. % de 200,000 à 400,000 fr. ; 0,25 cent. % de 400,000 à 800,000 fr. ; 0,125 % au-dessus ; sur le capital au denier dix de la redevance annuelle ; — **C.** — Bail à durée illimitée, emphytéotique : mêmes droits sur le capital au denier vingt de la redevance annuelle ; — **D.** — Louage d'ouvrage et d'industrie : 1 % de 1 à 200,000 fr. ; 0,50 cent. % de 200,000 à 400,000 fr. ; 0,25 cent. % de 400,000 à 800,000 fr. ; 0,125 % au-dessus.

Billet simple, à ordre, au porteur : 0,25 cent. % de 1 à 200,000 fr. ; 0,125 % au-dessus.

Bordereau d'inscription (Rédaction du) : lorsqu'il est dressé en exécution immédiate d'un acte reçu par le notaire : 4 fr.; dans tous les autres cas : 0,10 cent. %.

Pour les renouvellements d'inscription : 0,10 cent. %. — Si l'hypothèque doit être inscrite dans plusieurs arrondissements : 4 fr. sur le double envoyé à chaque bureau, en sus du premier.

Bornage (Procès-verbal de) : honoraires par rôle de minute.

Carence (Procès-verbal de) : honoraires, par vacations.

Cautionnement : A. — Par acte séparé : moitié de l'honoraire de l'acte principal, sans pouvoir excéder 0,25 cent. % pour les baux et 0,50 cent. % pour les autres actes ; — B. — Dans l'acte contenant l'engagement principal : pas d'honoraires.

Certificat de caution (par acte séparé) : 4 fr. en brevet ; 8 fr. en minute.

Certificat de propriété : Lorsqu'il est délivré pour l'exécution d'un acte contenant partage ou mutation de propriété sur lequel un honoraire proportionnel a été perçu dans la même étude : 8 fr. ; — Au cas contraire : 0,25 cent. % de 1 à 200,000 fr. ; 0,125 % au-dessus ; — Dans tous les autres cas : 5 fr. en sus pour chacun des notaires ayant concouru au certificat de propriété.

Certificat de vie : A. — Pour les certificats dressés dans la forme des actes notariés : 4 fr. ; — B. — Pour tous autres certificats : tarif de l'ord. du 6 juin 1839, des décrets des 9 nov. 1853 et 2 août 1860.

Cession de bail : honoraires comme en matière de bail, sur les années restant à courir.

Cessions de biens par un débiteur à ses créanciers : Avec mutation de propriété : honoraires comme en matière de vente de gré à gré, sur la valeur des biens abandonnés ; — Sans mutation de propriété ; 0,50 cent. % de 1 à 200,000 fr. ; 0,25 cent. % de 200,000 à 400,000 fr. 0,125 % au-dessus.

Codicille : honoraires comme en matière de testament.

Communauté d'habitation ou de travail (Acte de) : Sans apports : 8 fr. — Avec apports : honoraires comme acte de société.

Compensation : honoraires comme en matière de quittance sur la somme compensée.

Compromis : 8 fr.

Compte de bénéfice d'inventaire, compte d'administration légale, d'antichrèse, de copropriété, d'exécution testamentaire, de gestion, de mandat, de séquestre, compte entre héritiers et tous autres comptes non dénommés au présent tarif : 0,50 cent. % de 1 à 200,000 fr. ; 0,25 cent. % de 200,000 à 400,000 fr. ; 0,125 % au-dessus ; — Sur le chapitre le plus élevé en recettes ou en dépenses, et, pour le compte entre héritiers, sur les rapports à faire.

Compte de tutelle : mêmes honoraires que ci-dessus ; — S'il y a liquidation préalable dans le même acte, il est perçu, en outre. l'honoraire de liquidation sur la part revenant à l'oyant-compte, sans toutefois que l'horaire puisse être cumulé en ce qui touche les valeurs figurant à la fois dans la liquidation et dans le compte. — Récépissé de compte : pas d'honoraires. — Arrêté de compte : 8 fr., sous réserve du cas où il y aurait lieu à honoraire proportionnel à raison des conventions que renferme l'acte.

Compulsoire : honoraires par vacations.

Congé d'acquit, de bail : 4 fr. en brevet ; 8 fr. en minute.

Consentement à adoption, à entrer dans les ordres, à mariage : 4 fr. en brevet ; 8 fr. en minute.

Consentement à exécution de testament ou à exécution de donation entre époux : 8 fr. ; — Si le consentement vaut délivrance de legs, il est perçu l'honoraire de délivrance.

Consignation à la Caisse des dépôts : 8 fr.

Constitution de pension alimentaire : A. — En vertu de l'art. 205 C. civ. : 0,25 cent. % de 1 à 200,000 fr. ; 0,125 % au-dessus ; sur le capital formé de dix fois la prestation annuelle ; — B. — Dans les autres cas : 0,50 cent. % de 1 à 200,000 fr. ; 0,25 cent. % de 200,000 à 400,000 fr. ; 0,125 % au-dessus ; sur le capital formé de dix fois la prestation annuelle.

Constitution d'une rente à titre onéreux, perpétuelle et viagère : 1 % de 1 à 200,000 fr. ; 0,50 cent. % de 200,000 fr. à 400,000 fr. ; 0,25 cent. % de 400,000 à 800,000 fr. ; 0,125 % au-dessus ; — Sur le prix ou sur le capital formé de dix fois la rente pour la rente viagère et vingt fois la rente pour la rente perpétuelle.

Constitution de rente à titre gratuit : honoraires comme en matière de donation ou de testament.

Contrat de mariage : A. — Sur les apports cumulés des époux (déduction faite des charges) : 0,25 cent. % de 1 à 200,000 fr.; 0,125 % au-dessus ; — B. — Sur les dots : 0,50 cent. % de 1 à 200,000 fr. ; 0,25 cent. % de 200,000 à 400,000 fr.; 0,125 % au-dessus ; — C. — Donation éventuelle. — Promesse d'égalité : pas de droit de rédaction ou d'honoraires au décès; — D. — Institution contractuelle : pas de droit fixe de rédaction, mais honoraire proportionnel au décès, comme en matière de testament. — Minimum du contrat : 24 fr. — Si le contrat n'est pas suivi de célébration : 12 fr. — Résiliation de contrat de mariage : 12 fr.

Contre-lettre à contrat de mariage : honoraires comme à contrat de mariage.

Contributions (Paiement de), après adjudication de fruits et récoltes : 4 fr.

Crédit (Ouverture de) : Avec réalisation du crédit : honoraires comme en matière d'obligation ; — Sans réalisation : moitié des honoraires ci-dessus.

Dation en paiement : honoraires comme en matière de vente de gré à gré.

Décharge (par acte séparé) de cautionnement, d'exécution testamentaire, de mandat, d'objets mobiliers, de pièces, de solidarité : 4 fr. en brevet ; 8 fr. en minute.

Décharge de dépôt de sommes ou valeurs : 0,125 º/o.

Déclaration pure et simple : 8 fr.

Déclaration de command : 8 fr., si la déclaration ne contient aucune disposition nouvelle et se fait à la suite d'un acte reçu par le même notaire ; — Dans le cas contraire : 0,10 cent. º/o.

Déclaration d'emploi (par acte séparé) : honoraires comme en matière d'emploi.

Déclaration d'apport ou de fortune ; déclaration de grossesse ou de paternité ; déclaration d'hypothèque ou de privilège : déclaration de mobilier pour éviter une confusion : 8 fr.

Déclaration de privilège de second ordre : A. — Si elle est faite à la suite d'un acte d'emprunt reçu dans l'étude : 8 fr. ; — B. — Dans les autres cas : 0,50 cent. º/o de 1 à 200,000 fr. ; 0,25 cent. º/o de 200,000 à 400,000 fr. ; 0,125 º/o au-dessus.

Déclaration préalable aux ventes de meubles : 4 fr.

Déclaration de succession : 8 fr.

Délégation de créance : A. — Parfaite (par acte séparé) : honoraires comme en matière d'obligation ; — B. — Imparfaite : 8 fr. ; — C. — Lorsque la délégation parfaite intervient dans un acte dont elle n'est pas l'objet principal ; pas d'honoraires.

Délivrance de legs : 0,25 cent. º/o de 1 à 200,000 fr. ; 0,125 º/o au-dessus ; — Avec ou sans décharge.

Délivrance de seconde grosse (Procès-verbal de) : 8 fr. ; non compris les rôles de copies.

Dépôts d'actes sous seing privé autres que les testaments olographes : A. — Si le dépôt est fait par toutes les parties avec reconnaissance de leurs écritures, l'honoraire perçu sera de la moitié de celui auquel aurait donné lieu l'acte authentique contenant les conventions ; — B. — Dans le cas où le dépôt n'est pas fait par toutes les parties, l'honoraire sera seulement du quart.

Dépôts d'extraits de contrats de mariage : Pour les dépôts faits en dehors de la résidence du notaire : 6 fr. pour les quatre extraits ; — Non compris le coût des extraits.

Dépôt et insertion en matière de société : Pour les dépôts faits en dehors de la résidence du notaire : I. — Dépôt : 5 fr. par localité, non compris le coût de l'expédition ; — II. — Insertion : 6 fr. pour la rédaction de l'envoi.

Dépôt de pièces authentiques et autres (Acte de) : 8 fr.

Dépôt au greffe de procès-verbal de difficultés et autres actes : 8 fr.

Dépôt de sommes ou valeurs ou objets à un particulier : 8 fr.

Désaveu de paternité : 8 fr.

Désistement d'appel, d'instance, d'hypothèque ou de privilège, de plainte, de réméré, etc. : 4 fr. en brevet ; 8 fr. en minute.

Devis et marchés : honoraires comme en matière de vente ou de louage, suivant le cas.

Dispense de notification de contrat, de signification, de transport, de congé, etc. : 4 fr. en brevet ; 8 fr. en minute ; en plus 2 fr. par chaque partie, en sus de la première, ayant un intérêt distinct et intervenant dans l'acte.

Dispense de rapport par le donateur (faite par acte séparé) : 8 fr.

Dissolution de société d'habitation et de travail : honoraires comme en matière de dissolution de société.

Distribution de deniers par contribution : 1 % de 1 à 200,000 fr. ; 0,50 cent. % de 200,000 à 400,000 fr. ; 0,25 cent. % de 400,000 à 800,000 fr. ; 0,125 % au-dessus ; — Sur le montant total des collocations.

Donation entre vifs avec ou sans partage : I. — Acceptée : 1 % de 1 à 200,000 fr. ; 0,50 cent. % de 200,000 à 400,000 fr.; 0,25 cent. % de 400,000 à 800,000 fr. ; 0,125 % au-dessus ; sur la valeur nette des sommes ou biens donnés ; — II. — Non acceptée : les trois quarts de l'honoraire de la donation acceptée ; — III. — Acceptation de donation : le quart de l'honoraire de la donation acceptée.

Donation entre époux pendant le mariage : Honoraires de rédaction de l'acte : 8 fr. ; — Honoraires dus au décès : 0,25 cent. % de 1 à 200,000 fr. ; 0,125 % au-dessus ; sur la valeur de l'actif recueilli.

Échange : honoraires comme en matière de vente immobilière ou mobilière, suivant le cas, sur la valeur la plus importante des immeubles ou meubles échangés.

Endossement : 0,25 cent. % de 1 à 200,000 fr.; 0,125 % au-dessus.

Engagement des gens de mer : mêmes honoraires.

Engagement théâtral : mêmes honoraires.

Établissement d'origine de propriété : (par acte séparé) : 8 fr.

État de dettes, de meubles : 8 fr.

État de lieux (Procès-verbal d') : honoraires par rôles de minute.

Formalités hypothécaires : 1º Pour les réquisitions de transcription d'actes translatifs de propriété, y compris les réquisitions d'états d'inscriptions, de saisies et de transcriptions et les certificats de non-transcription et de non-résolution ou rescision. (En ce non compris l'envoi des pièces), sur les actes représentant un capital inférieur à 500 fr., 1 50 ; à 1,000 fr., 2 50 ; à 2,000 fr., 3 50 ; à 5,000 fr., 6 fr. ; au-dessus de 5,000 fr., 8 fr. ;

2º Pour les réquisitions d'états d'inscriptions et de radiations : notaire résidant au siège de la conservation, 2 fr. ; non résidant, 3 fr. ;

3º Pour toutes les autres réquisitions : notaire résidant, 1 fr. ; non résidant, 1 50 ;

4º Pour port de chaque envoi de pièces, 1 fr.

Gage et nantissement : honoraires comme en matière d'affectation hypothécaire.

Gestion d'affaires ou exécution de mandat : A. — 1 º/₀ de 1 à 200,000 fr. ; 0,50 cent. º/₀ de 200,000 à 400,000 fr. ; 0,25 cent. º/₀ de 400,000 à 1,000,000 de fr. ; 0,125 au-dessus ; sur les intérêts et autres revenus encaissés ; — B. — 0,50 cent. º/₀ de 1 à 200,000 fr. ; 0,25 cent. º/₀ de 200,000 à 400,000 fr. ; 0,125 º/₀ au-dessus ; sur les capitaux recouvrés.

Indivision (Convention d') : 8 fr.

Inventaire : honoraires par vacations.

Légalisation par le juge de paix ou le président du tribunal de première instance : 0,25 cent. par pièce légalisée.

Légalisation dans un ministère, une ambassade ou un consulat : 1 fr. par pièce légalisée.

Lettre de change : 0,25 cent. º/₀ de 1 à 200,000 fr. ; 0,125 º/₀ au-dessus.

Licitation : A. — De gré à gré : honoraires comme en matière de vente, sur la part acquise. — Si l'indivision cesse, honoraires comme en matière de *Partage C*, sur l'ensemble des biens licités ; — B. — Par adjudication volontaire : honoraires comme en matière d'adjudication volontaire ; l'honoraire est perçu sur le prix total des immeubles licités ; — C. — Judiciaire : Art. 14, Ord. 10 oct. 1841 et Loi 23 oct. 1884.

Liquidation de reprises : 1 º/₀ de 1 à 200,000 fr. ; 0,50 cent. º/₀ de 200,000 à 400,000 fr. ; 0,25 cent. º/₀ de 400,000 à 800,000 fr. ; 0,125 º/₀ au-dessus ; sur les sommes payées ou garanties, augmentées de la moitié du surplus de la créance de la femme ; — 0,10 cent. º/₀ sur les reprises en nature.

Lotissement : A. — Avec tirage au sort : honoraires comme en matière de partage volontaire ou judiciaire A ; — B. — Sans tirage au sort : moitié des honoraires ci-dessus.

Mainlevée d'écrou ou de saisie : 4 fr. en brevet ; 8 fr. en minute.

Mainlevée d'inscription hypothécaire, de privilège, de nantissement :
A. — Définitive ou partielle réduisant la créance : 0,10 cent. % ; —
B. — Réduisant le gage : 8 fr. ; — Lorsqu'il y a eu une ou plusieurs
mainlevées partielles réduisant la créance, l'honoraire pour mainlevée définitive est perçu seulement sur la somme qui restait
garantie.

Mention marginale : 3 fr.

Mines et carrières (Cession ou exploitation de) : honoraires comme en
matière de vente.

Mitoyenneté : Abandon : 8 fr. ; Cession : Honoraires comme en matière de vente : Convention de : 8 fr.

Nomination : de conseil à une mère tutrice ou de tuteur : 8 fr. ;
d'exécuteur testamentaire : 8 fr. ; de séquestre, gardien ou dépositaire : 8 fr.

Notoriété (Acte de) : 4 fr. en brevet : 8 fr. en minute.

Obligation : 1 0/0 de 1 à 200,000 fr. ; 0,50 cent. 0/0 de 200,000 à
400,000 fr. ; 0.25 cent. 0/0 de 400,000 à 800,000 fr. ; 0,125 0/0 au-
dessus ; Lorsque les fonds sont remis hors la vue des notaires,
moitié des honoraires ci-dessus.

Ordre amiable (avec ou sans quittance) ; 1 0/0 de 1 à 200,000 fr. ; 0,50
cent. 0/0 de 200,000 à 400,000 fr. ; 0,25 cent 0/0 de 400,000 à 800,000 fr. ;
0,125 0/0 au-dessus ; sur le montant total des collocations.

Partage volontaire ou judiciaire : A. — Avec ou sans liquidation de
communauté, de succession ou de société : 1 0/0 de 1 à 200,000 fr. ;
0,50 cent. 0/0 de 200,000 à 400,000 fr. ; 0,25 cent. 0/0 de 400,000 à
800,000 fr. ; 0,125 0/0 au-dessus ; les honoraires sont perçus sur
l'actif attribué, déduction faite du montant des rapports dus par les
héritiers en vertu d'actes authentiques et de tout le passif autre que
les frais. B. — Liquidation sans partage : moitié des honoraires
ci-dessus ; C. -- Partage de biens indivis dans les cas autres que
ceux prévus au paragraphe A ci-dessus : les trois quarts des honoraires perçus en matière de partage volontaire ou judiciaire sur
l'actif net.

Partage anticipé ou d'ascendants : 1 0/0 de 1 à 200,000 fr. ; 0,50
cent. 0/0 de 200,000 à 400,000 fr. ; 0,25 cent. 0/0 de 400,000 à
800,000 fr. ; 0,125 0/0 au-dessus.

Partage testamentaire : I. — Droit exigible au moment de la rédaction de l'acte : 32 fr. : II. — Au décès : honoraires comme en
matière de partage volontaire ou judiciaire A.

Procès-verbal de dires et protestations, de difficultés ; honoraires
par rôle de minute.

Procuration (spéciale ou générale) : 4 fr. en brevet ; 8 fr. en minute.

Promesse de vente : 1/4 de l'honoraire prévu en matière de vente, avec imputation sur l'honoraire de vente, si elle se réalise dans la même étude.

Prorogation de délai : A. — Pure et simple : 24 fr. B. — Contenant des dispositions nouvelles : honoraires proportionnels d'obligation sur la somme ou valeur, objet de la disposition nouvelle.

Prorogation de bail : honoraires comme en matière de bail, sur les années restant à courir.

Protêt : D. 23 mars 1848.

Purge légale : honoraires par vacations.

Quittance : A. — Pure et simple ou dans les cas prévus par l'art. 1251 C. civ. : 0,50 cent. % de 1 à 200,000 fr. ; 0,25 cent. % de 200,000 à 400,000 fr. ; 0,125 % au-dessus ; moitié des honoraires ci-dessus, si elle est la conséquence d'un acte reçu par le même notaire ; B. — Dans les cas prévus par l'art. 1250 § 2, C. civ. : 0,25 cent. % de 1 à 200,000 fr. ; 0,125 % au-dessus ; C. — Quittance d'ordre judiciaire : 0,50 cent. % de 1 à 200,000 fr. ; 0,25 cent. % de 200,000 à 400,000 fr. : 0,125 % au-dessus ; D. — Subrogative (art. 1250, § 1er, C. civ.) : honoraires comme en matière d'obligation.

Rachat par réméré : honoraires comme en matière de quittance pure et simple.

Rapport pour minute : 8 fr.

Ratification : 4 fr. en brevet ; 8 fr. en minute ; et en plus 2 fr. par chaque partie, en sus de la première, ayant un intérêt distinct et intervenant dans l'acte.

Réalisation de crédit : moitié des honoraires perçus en matière d'obligation.

Recette (Droit de) : A. — 1 % de 1 à 200,000 fr. 0.50 cent. % de 200.000 à 400,000 fr. ; 0,25 cent. % de 400.000 à 1.000.000 de fr. ; 0,125 % au-dessus ; sur les intérêts et autres revenus encaissés ; B. — 0,50 cent. % de 1 à 200.000 fr. ; 0,25 cent. % de 200,000 à 400,000 fr. ; 0,125 % au-dessus ; sur les capitaux recouvrés. Il n'est dû aucun droit de recette pour l'encaissement et la garde des fonds et valeurs déposés en conséquence ou pour l'exécution directe d'un acte de vente ou d'emprunt passé dans l'étude des notaires.

Recherche (Droit de) : Si l'année est indiquée : 0,50 cent. ; Au cas contraire : 1 fr. ; si la recherche a pour objet la délivrance d'une expédition ou la réception d'un acte, l'honoraire n'est pas dû.

Récolement : honoraires par vacations.

Reconnaissance de dot, de reprises, de droits paraphernaux : honoraires comme en matière d'apports en mariage.

Reconnaissance d'enfant naturel : 16 fr.

Reconnaissance d'hypothèque ou de privilège : 8 fr.

Reconnaissance de dettes : honoraires comme en matière d'obligation.

Réduction d'hypothèque (V. Mainlevée).

Référé : honoraires par vacations.

Règlement d'indemnité en cas d'expropriation pour cause de déclaration d'utilité publique : A. — Avant le jugement d'expropriation : honoraires comme en matière de vente ; — B. — Après le jugement : honoraires comme en matière de quittance pure et simple.

Réméré (Vente à) : honoraires comme en matière de vente.

Remise de dette : honoraires comme en matière de quittance pure et simple.

Renonciation (par acte séparé) : 4 fr. en brevet ; 8 fr. en minute.

Renonciation à hypothèque légale : — A. — A la suite d'un acte authentique ou de dépôt, avec reconnaissance d'écriture, d'un acte de vente sous signature privée : 8 fr. ; — B. — Dans les autres cas : moitié de l'horaire qui aurait été perçu sur l'acte de vente.

Représentation : de présumé absent, de non présent, d'aliéné non interdit : honoraires par vacations.

Reprise de la vie commune : 16 fr.

Résiliation : A. — De vente dans les vingt-quatre heures : 8 fr. ; après ce délai, moitié de l'honoraire de l'acte résilié ; — B. — De bail : moitié de l'honoraire de bail, sur les années restant à courir.

Rétablissement de communauté (Acte de) : 32 fr.

Retrait des droits litigieux, d'indivision, successoral : honoraires comme en matière de quittance pure et simple.

Révocation : De conseil à la mère tutrice : 8 fr. ; — De donation entre époux : 8 fr. ; — De mandat ou de substitution ; 4 fr. en brevet ; 8 fr. en minute ; — De testament : 8 fr.

Société (Acte de) : 0,50 cent. % de 1 à 200,000 fr. ; 0,25 cent. % de 200,000 à 400,000 fr. ; 0,125 % au-dessus ; — Déclaration de souscription du capital social : A. — Si l'acte de société a été reçu dans l'étude : 18 fr. ; — B. — Si l'acte de société est sous seing privé ou reçu dans une autre étude, l'honoraire est perçu en entier ; — Prorogation de société : moitié des honoraires ci-dessus ; — Dissolution de société : 8 fr. ; sous réserve du cas où il y a lieu à honoraire proportionnel, à raison des conventions que renferme l'acte.

Sous-bail : honoraires comme en matière de bail.

Substitution de pouvoirs : 4 fr. en brevet ; 8 fr. en minute.

Testament olographe : — Présentation au président du tribunal et retrait : 16 fr. ; — Sur les dispositions du testament : moitié des honoraires perçus en matière de testament authentique.

Testament public ou authentique : — Droit fixe pour la rédaction de l'acte : 32 fr. ; — Droit dû au décès du testateur sur les dispositions contenues dans le testament (art. 17 des Dispositions générales), en ligne directe, entre époux, en ligne collatérale, entre étrangers : 0,50 cent. % de 1 à 200,000 ; 0,25 cent. % de 200,000 à 400,000 fr. ; 0,125 % au-dessus.

Testament mystique : — A. — Acte de suscription : 32 fr. ; — B. — Présentation au président et retrait : 16 fr. ; — C. — Sur les dispositions du testament au décès : honoraires comme en matière de testament authentique.

Tirage au sort des lots : moitié des honoraires perçus en matière de partage, mais seulement dans le cas où l'opération a été la seule pour laquelle le notaire a été commis.

Titre nouvel : moitié des honoraires perçus sur le titre originaire.

Transaction. — Cet acte donne ouverture à l'honoraire spécial de la convention à laquelle il aboutit, et de plus, s'il y a lieu, à un honoraire particulier réglé à l'amiable entre les notaires et les parties d'après les difficultés de l'affaire et les soins donnés à sa conclusion.

Translation d'hypothèque : — A. — Portant sur la totalité du gage : honoraires comme en matière d'affectation hypothécaire ; — B. — Partielle : mêmes honoraires, perçus sur la somme pour laquelle le transfert à lieu.

Transport de créance : honoraires comme en matière d'obligation.

Transport de droits litigieux et successifs : honoraires comme en matière de vente.

Usufruit (Cession ou don d') : honoraires comme en matière de vente ou de donation, selon le cas.

Vente par adjudication judiciaire ou volontaire de créances, droits incorporels, fonds de commerce, etc. (cahier des charges compris): 1 % de 1 à 200,000 fr. ; 0,50 cent. % de 200,000 à 400,000 fr.; 0,25 cent. % de 400,000 à 800,000 fr. ; 0,125 % au-dessus.

Vente par adjudication de fruits et récoltes pendants par racines, de coupes de bois taillis, de futaies aménagées ou non aménagées et de tourbages (cahier des charges compris) : 1 % de 1 à 200,000 fr. ; 0,50 cent. % de 200,000 à 400,000 fr. ; 0,25 cent. % de 400,000 à 800,000 fr. ; 0,125 % au-dessus : — Lorsque l'officier public qui a procédé à une vente à terme est chargé d'opérer le recouvrement du prix, il a droit, en outre, sur la somme par lui recouvrée, à la remise suivante : 1 % de 1 à 200,000 fr. ; 0,50 cent. % de 200,000 à 400,000 fr.; 0,25 cent. % de 400,000 à 800,000 fr.; 0,125 % au-dessus ; — Pour versement à la Caisse des consignations, payement des contributions, ou assistance aux référés, s'il y a lieu, il est alloué sans distinction : 4 fr.

Vente par adjudication volontaire de meubles et objets mobiliers, d'arbres au détail et de bateaux (cahier des charges compris), il est alloué : — 1º Pour droits de prisée, — pour chaque vacation : 6 fr. ; — 2º Pour assistance aux référés, — pour chaque vacation : 5 fr. ; — 3º Pour tout droit de vente, non compris les déboursés pour y parvenir et en acquitter les droits, non plus que la rédaction des placards : 6 % sur le produit des ventes ; — Il pourra, en outre, être alloué une ou plusieurs vacations sur la réquisition des parties, constatée par procès-verbal, à l'effet de préparer les objets mis en vente ; — Ces vacations extraordinaires ne seront passées en taxe qu'autant que le produit de la vente s'élèvera à 3,000 fr. ; — Chacune de ces vacations de trois heures donnera droit aux émoluments fixés par le nº 1 du présent article ; — 4ª Pour expédition ou extrait des procès-verbaux de vente, s'ils sont requis, outre le timbre et pour chaque rôle de 25 lignes à la page et 15 syllabes à la ligne : 1 fr. 50 ; — Pour consignation à la Caisse, s'il y a lieu : 6 fr. ; Pour assistance à l'essai ou au poinçonnage des matières d'or et d'argent : 6 fr. ; — Pour payement des contributions, conformément aux dispositions des LL. 5-18 août 1791 et 12 nov. 1808 : 4 fr.

Vente par adjudication judiciaire d'immeubles (cahier des charges compris) : Ord. 10 oct. 1841 et L. 23 oct. 1884 ;

L'honoraire sera perçu sur le prix de chaque lot séparément, lorsque les lots seront composés d'immeubles distincts.

Vente par adjudication volontaire d'immeubles (cahier des charges compris) : 1 % de 1 à 200,000 fr.; 0,50 cent. % de 200,000 à 400,000 fr.; 0,25 cent. % de 400,000 à 800,000 fr.; 0,125 % au-dessus ; — L'honoraire est perçu, dans toute adjudication, séparément sur le prix de chaque lot ; — Le même honoraire est dû, lorsque la vente est réalisée de gré à gré, dans les quatre mois de la tentative d'adjudication.

Vente d'immeubles de gré à gré : 1 % de 1 à 200,000 fr.; 0,50 cent. % de 200,000 à 400,000 fr.; 0,25 cent. % de 400,000 à 800,000 fr. ; 0,125 % au-dessus.

Vente mobilière de gré à gré : 1 % de 1 à 20,000 fr.; 0,50 cent. % de 20,000 à 100,000 fr.; 0,25 cent. % au-dessus.

Vente par adjudication judiciaire de meubles (cahier des charges compris) : mêmes droits, indépendamment des honoraires qui peuvent être dus à l'avoué.

Vente (Tentative de) aux enchères de meubles ou immeubles : 32 fr., cahier des charges et procès-verbal de tentative de vente réunis.

28. Toutes dispositions contraires au présent décret sont abrogées.

---

20 Juillet 1907

Décret relatif à l'organisation du notariat en Algérie

1. Indépendamment des prohibitions énoncées dans l'arrêté du 30 décembre 1842, il est interdit aux notaires d'Algérie :

1° De recevoir ou conserver des fonds à charge d'en servir l'intérêt ;

2° D'employer, même temporairement, des sommes ou valeurs dont ils sont constitués détenteurs à un titre quelconque, à un usage auquel elles ne seraient pas destinées ;

3° De retenir, même en cas d'opposition, les sommes qui doivent être versées par eux à la Caisse des dépôts et consignations, dans les cas prévus par les lois, ordonnances, décrets ou règlements ;

4° De faire signer des billets ou reconnaissances en laissant le nom du créancier en blanc.

2. Les notaires ne peuvent conserver, durant plus de six mois, les sommes qu'ils détiennent pour le compte des tiers, à quelque titre que ce soit. — Toute somme qui, avant l'expiration de ce délai, n'a pas été remise aux ayants droit, sera versée par le notaire à la Caisse des dépôts et consignations. — Toutefois, sur une demande écrite des parties, un mois avant l'expiration du délai fixé au paragraphe 1er, les notaires peuvent conserver ces fonds pour une nouvelle période n'excédant pas six mois.

3. Chaque notaire doit tenir une comptabilité destinée spécialement à constater les recettes et les dépenses de toute nature effectuées pour le compte de ses clients ; à cet effet il doit avoir au moins un livre-journal, un registre de frais d'actes, un grand-livre, un livre de dépôt des titres et valeurs, conformes aux modèles établis par l'arrêté du garde des sceaux en date du 15 février 1890 pour les offices de la métropole. — Le livre-journal et le livre de dépôts sont cotés et paraphés par le président du tribunal.

4. Le livre-journal doit mentionner, jour par jour, par ordre de dates, sans blancs, lacunes, ni transports en marge, notamment : 1º les noms des parties ; 2º les sommes dont le notaire aura été constitué détenteur et leur destination, ainsi que les recettes de toute nature et les sorties de fonds. Chaque article aura un numéro d'ordre et contiendra un renvoi au folio du grand-livre où se trouve reportée soit la recette, soit la dépense.

5. Le registre d'étude ou de frais d'actes contient, dans l'ordre chronologique, les actes reçus par le notaire sous le nom du client débiteur, le détail des frais et honoraires de chaque acte.

6. Le grand-livre contient le compte de chaque client par le relevé de toutes les recettes et dépenses effectuées pour lui. — La balance de chaque compte doit être faite au moins une fois par trimestre, soit sur le grand-livre, soit sur un registre spécial de balances de comptes.

7. Le livre de dépôts de titres et valeurs mentionne, jour par jour, par ordre de dates, sans blancs, lacunes ni transports en marge, au nom de chaque client, les entrées et sorties des titres et valeurs au porteur ou nominatifs, avec l'indication de leurs numéros et immatricules. — Le livre de dépôts sera soumis au visa du receveur de l'enregistrement dans les termes de l'article 29 de l'arrêté du 30 décembre 1842.

8. Les notaires tiendront, en outre, le registre des testaments prévu à l'article 26 de l'arrêté du 30 décembre 1842.

9. Les procureurs de la République sont chargés de vérifier si la comptabilité des notaires est régulière et si la situation de la caisse spéciale des dépôts est conforme aux énonciations des registres. — Cette vérification aura lieu au moins une fois l'an. — Les procureurs de la République apposent leur visa sur les registres avec l'indication du jour de leur vérification. — Les procureurs de la République pourront déléguer les juges de paix pour la vérification des études de notaires qui ne résident pas au chef-lieu d'arrondissement. — Le procureur de la République ou le juge de paix délégué devra être assisté d'un notaire en exercice ou d'un notaire honoraire désigné par le procureur général et qui sera indemnisé de ses frais de transport et de séjour. Les notaires en exercice ne pourront pas refuser leur concours.

10. Les procureurs de la République envoient au procureur général, en double exemplaire, un rapport constatant, pour chaque étude, les résultats de la vérification et accompagné de son avis motivé. Ces rapports seront transmis, au plus tard, avant le 31 mars de l'année qui suivra l'arrêté du compte courant de chaque notaire.

11. Seront punies conformément aux dispositions de l'arrêté du 30 décembre 1842 et du décret du 27 juin 1901, les contraventions au présent décret et au règlement prévu par l'article 13 ci-après.

12. Les dispositions relatives au dépôt des fonds et à la comptabilité seront exécutoires à partir du 1ᵉʳ janvier 1908.

13. Pour les formalités spéciales relatives au dépôt et au retrait des sommes déposées à la Caisse des dépôts et consignations en vertu de l'article 2 du présent décret, on suivra les dispositions du décret du 2 février 1890, avec cette restriction qu'en Algérie les parquets de première instance seront investis des attributions conférées dans la métropole aux chambres de discipline.

APPENDICES

a.

27 mars 1883

Loi portant organisation de la juridiction française en Tunisie

16. Les fonctions de notaire continueront à être exercées dans la régence par les agents consulaires français jusqu'à ce que le notariat y ait été organisé par un règlement d'administration publique.

16 juin 1903

Décret relatif à l'établissement des actes notariés en Tunisie

1. Pour l'établissement des actes notariés, les agents consulaires de France en Tunisie se conformeront aux dispositions de la loi du 25 ventôse an XI, modifiée par la loi du 12 août 1902, sans être assujettis aux prescriptions spéciales de l'instruction du ministre des affaires étrangères du 30 novembre 1833.

b.

Dans les colonies de la Martinique et de la Guadeloupe, l'organisation notariale résulte d'un décret général du 14 juin 1864 et de décrets particuliers des 16 juillet 1878, 1er juin 1882 et 12 août 1894.

A la Réunion, le notariat a été organisé par décret du 26 juin 1879.

Un décret du 1er octobre 1908 réglemente la comptabilité notariale et les consignations à la Guadeloupe, à la Martinique et à la Réunion.

A la Guyane, deux décrets des 28 août 1862 et 16 juillet 1878 régissent le notariat, avec des arrêtés locaux.

Le notariat dans l'Inde française est régi par un décret du 24 août 1887, et des textes locaux.

En Cochinchine, il existe notamment un décret du 22 septembre 1869, et un arrêté local du 7 juin 1870. Les greffiers des tribunaux remplissent presque partout les fonctions de notaire (Déc. 16 octobre 1896, art. 4).

Pour la Nouvelle-Calédonie, le notariat a comme règle un arrêté local du 27 août 1875.

A Saint-Pierre-et-Miquelon, le décret réglementaire du 30 juillet 1879 a été modifié le 5 septembre 1908.

En ce qui concerne Madagascar, les fonctions notariales sont remplies par les greffiers de la Cour d'appel, des tribunaux de première instance et des justices de paix à compétence étendue, et enfin par des fonctionnaires que désigne le procureur général (Décr. 9 juin 1896, art. 34, modifié le 24 mars 1904).

C.

En pays étrangers, les chanceliers des consulats français remplissent les fonctions de notaire (Ord. d'août 1681, tit. 9, art. 16; Edit juin 1778, art. 8 ; Ord. 3 mars 1781, art. 111 ; 26 octobre 1833, art. 7 et 8 ; Inst. 30 novembre 1833).

Les actes que dressent les chanceliers consulaires doivent être légalisés par leur consul (Ord. d'août 1681, titre 9, art. 23 ; Ord. 24 mai 1728, art. 32), et la signature de celui-ci reçoit en France la légalisation du ministre des affaires étrangères (Ord. 25 octobre 1833, art. 9).

Pour les actes passés devant des autorités étrangères, et devant servir en France, la législation du consul français est nécessaire, avec mention et attestation de la qualité du fonctionnaire dont l'acte émane (Ord. 25 octobre 1833, art. 7).

TABLE DES MATIÈRES

FRANCE

ALGÉRIE

9 782019 956431